宵口怪談
残夜

鳴崎朝寝

竹書房
怪談
文庫

目次

動くはずの歩道

その地下通路は、東京都T区のふたつのショッピングモールをつないでいる。地上部分はなにせ信号の待ち時間が長い。そのため地下通路を使う人は多く、地下には動く歩道が設置されていた。

あゆみさんがその地下通路に来たのは、通路の中ほどに設置されたコインロッカーを使うためだった。彼女の目当ては近くの小さなライブハウスで、そこにはロッカーがない。だが今日の公演はソールドアウトであり、中は人でごった返しているだろうことは容易に想像できた。

会社帰りに急いで会場に向かった彼女が、資料の入った大きな鞄を地下通路のロッカーに預けていったのは、後で考えても大正解だったそうだ。

ライブが終わったあと独特の、熱気の余韻と、祭りが終わってしまったような幾ばくかの寂しさを抱えたまま、あゆみさんは荷物を取りに来ていた。

(まだ開いててよかったぁ!)

この地下通路はショッピングセンターの一部という扱いなので、夜遅くには入り口自体が閉まってしまう。そんなことはライブ中すっかり頭から抜けていた。

ロッカーは通路の中ほどにある。動く歩道に乗ってしまうと途中で降りられないので、その隣を歩く。

ショッピングセンターの店舗はほとんどが閉店してしまった時間でもあり、地下通路に人はいなかった。

繁華街も近いので酔っ払いやガラの悪い人がたむろしていても怖いが、普段多くの人が行き交っている場所にたったひとりというのもまた不気味だった。

手早く暗証番号を入力してロッカーの扉を開ける。

と、ひどい異臭が鼻をついた。

「人間の臭いだ」と直感させる何かに顔をしかめる。

荷物をロッカーに入れるときにはこんな臭いはしなかった。したならば気付くはずだし、あゆみさんの荷物の中にも臭いの元となるようなものはない。

密閉されているように見えるこの小さな空間で、隣のロッカーの臭いがうつるなんてことが、あるだろうか。

とにかく、中にあるカバンも資料も明日また使うのだ。慌てて取りだそうとしたときのこと――。

左後方から刺さる、強い視線と人影に気づいた。

おそるおそる振り返ると、動く歩道に身なりのいい中年の男が立っていた。手前の手すりに両方の手をかけ、あゆみさんをじっとりと見るように立っている。

彼は同じ位置に止まっている。

動く歩道の低いモーター音がゴウン、ゴウンと聞こえ続けていた。

彼にとっては、足元が左から右へ常に流れているような状況のはずだ。なぜ、動く歩道の上で微動だにせず止まっていられるのか。混乱したという。

「怖かったけど、それよりなんで？　って」

整合性のとれない、出鱈目《でたらめ》に配置されたような光景に、次に取るべき行動がわからなくなる。

ただ、ここには彼と自分の二人しかいない。

そして彼が自分を見ているのは確かだった。

わずかな時間のあと、無言のままでロッカーから慌てて荷物を引きずり出したとき、吐き気に襲われた。最初の生物的な異臭が、ロッカーの奥から先ほどよりもさらに強く流れてきたのだ。今やその異臭も男と無関係とは思えない。

それでも、荷物を抱えて、逃げなければ。

そう思ったとき、唐突に「ぎゃはははは!」という笑い声が聞こえた。

その声にさえびくりと身体が震えたが、地下通路の入口からふたりのギャル風の女性が入ってきたところだった。酒も入っているのか、声が大きい。

声は地下通路に響き、張り詰めた空気がふっとゆるむ。

おそるおそる目をやると男は消えていて、あゆみさんは荷物を抱えたまま走った。逃げるようにすれ違うあゆみさんを、女性たちは不思議そうに見ていたそうだ。

見間違いだといいなと思いながら家に帰ったそうだが、翌朝開けた鞄からはあのときのロッカーと同じひどい臭いがした。

結局、会社用の鞄を泣く泣く捨てることになったという。

「だから、あそこにあるロッカーは使わないほうがいいよ？」

私は実際にそのライブハウスの名前を聞き、地下道とロッカーの場所も教えてもらった。見に行くバンドもライブハウスも似ている友人なので、これまで幾度もそのロッカーを使っていた私は、次から別の場所を探さなければいけない。

ナタデココの手首

東京から仙台への新幹線は長くて二時間強、早ければ一時間半ほどである。東京から出かけるときの、窓の外に緑が増えていく様子、あるいは冬であれば雪がちらつき出す景色は旅行に出かけるのだという気持ちになる。

とはいえそれは趣味で出かける人間の話であり、出張で使うことの多い戸山さんにとって新幹線は移動だけでなく、貴重な休憩時間のひとつだという。

いつもの出張帰り、平日の夕方五時ごろに仙台から新幹線に乗ったときのこと。

二人分並んだ座席の窓側がその日の彼女の席だった。

通路側にはスーツを着た二十代らしき男性が座っていた。よれたスーツを着ていたが、本人はそれよりもっとよれていた。

というのも、既に泥酔しているのが一目でわかる様子だったのだ。

だが、最初から場所を変えてくれと車掌に申し出るのも気が進まない。仕方なく「すみません」と小さく断って奥の席に座った。

車両に乗るときからマスクをしていたおかげで、酒臭さを直接感じるわけではない。それでもどこか濁った目でとろんと彼女を隣から見る不躾な視線には不安がよぎった。

その不安が的中し、彼が話しかけてきたのは、電車が走りはじめて数分した頃だ。

「盛岡に出張だったんですよ」

「東京へ帰るんですよね？」

戸山さんの答えを聞く気もないのだろう、一方的な話と質問が降ってくる。早口なせいで、部分的にはよく聞こえない。聞かせようと思っていないのだ。

男は、本人曰く「あまり詳しくは言えない」工事の仕事で、盛岡に行ってきた帰りなのだという。

「結構いい金で、神社とかの仕事なんで、大きな声では言えないんですけどねー」

言ってるじゃないか。

どこで話を切ろうか考えていると、

「飲まないんですか」

と言われた。

確かに戸山さんは駅でお弁当とビールを買っていた。だが、この状態で飲む気にはなれない。ささやかな楽しみを邪魔されたこともまた腹立たしかった。

のらりくらりと会話をかわしていたが、とうとう面倒になり寝てしまうことにした。

「すみません。体調がよくなくて、眠りたいので」

多少周りの席に聞こえるように硬い声で言うと、そちらに顔が向かないようにして目を閉じる。

通路を挟んで座っている男女四人のグループが、絡まれる彼女を気にしてくれているように感じていた。まさか寝ている自分に何かしようということはないだろう。

さんざんだ。車窓の景色を楽しむような旅行の予定ではないにせよ、車内で変に絡まれたことなどこれまではない。

だが、寝るといえばそれ以上男が何か言ってくることはなかった。

(寝るふりをしてよかった。もっと早くすればよかったかな)

そんなことを考えるうちに、緊張が和らいだのか、戸山さんは本当に眠ってしまった。

夢を見ていた。ストーリーのあるようなものではない。

真っ暗で、足のくるぶしあたりまでが冷たい水に浸かっていたような気がする。

その夢から覚めて、まだ新幹線の中であることがわかり、ああ、寝てしまったんだなと思った。

(え?)

伸びをしようとしたが、身体が動かない。

戸山さんが生まれてはじめてあった金縛りは、しびれた足を思ったように動かせないのと似ていた。

その中で、右手の違和感に気づく。手首のいちばん細いところを誰かに掴まれている。

となりの男に違いない。悲鳴をあげようとしたが声も出なかった。

目線だけは動かせたのでそちらを見る。同時に、ぽかんとした。

見た先にあったのは、老人の顔だった。先ほどまでの若者ではない。

白目のところが黄色く、顔色がひどく悪い。内臓でも悪いのか、青黒いような色の肌をしていた。髪も坊主に近く、頬にある大きな生々しい傷が否でも目に飛び込んでくる。

あちらも戸山さんの顔をのぞき込むように見ていたので、目が合ってしまった。

さっきの若者は席をうつり、この人が来たのだろうか。

しかし、よれたスーツはさっきまでの若者とまったく同じだ。


状況を掴みかねる戸山さんは、自分の手首を掴んでいる手がやけに冷たいことに気づいた。それに、ひどくぶよぶよしている。

ぐいと力を込めて握られる。その指が、戸山さんの手首に食い込んだ。痛みはないが、ずぶずぶと指が沈んでいく。泥に指を入れるように……とはいえ、それは泥ではなく自分の手首だ。

目の前の状況は、まるで現実味がなく、頭が追いつかない。

皮は、肉は、骨は。

血も出ていないのに、どうやって指が。

五本の指の先が戸山さんの手首の中に沈み、それからなお、力を入れようとしているのがわかった、そのときである。

車内アナウンスがあり、新幹線が停車した。宇都宮駅だった。

車内の雰囲気が変わり、降りる人と新しく乗ってくる人が交差して……。

「わあっ！」

悲鳴をあげたのは、戸山さんの隣の男だった。

顔は最初の若者に戻っていた。だが、その顔色は真っ青である。

なぜか彼は自分の手が戸山さんの手首をきつく握っていることに驚いたようで、ばっと乱暴に放した。それをきっかけに戸山さんの身体もがたんと動き、金縛りがとけた。

その瞬間だった。

「……お前ぇ、気持ち悪ぃんだよ！　俺が悪いんじゃねえからな！」

なぜか彼は戸山さんに怯えた様子で罵声を浴びせると、慌てて荷物を持って他の車両へ行ってしまった。

他の車両へ、と思うのは、彼がばたばたと荷物を集めている間に新幹線は宇都宮駅を出発してしまったからである。

残された戸山さんは、そのときになって急に身体がひどく震えだしたそうだ。

「大丈夫ですか」

「すみません、やばそうになったらいこうとは言ってたんですけど、あまりじろじろ見るわけにもいかなくて」

反対側の座席の人たちが声をかけてくれて、そちらの空席に移動させてもらうことになった。

戸山さんも、今の座席からすぐにでも離れたかったのでありがたく席を移動した。

落ち着いて話を聞くと、彼らにはずっと同じ若い男性が見えていたという。

「寝ている人の手首を握るなんてしておいて、あんなこと言うの最低ですね！」

彼らにとってはそういう話になっているようだった。

手首はきつく握られたあとが残っていたが、それだけであったという。――少なくとも、外から見えるものは。

「〝外から見えるものは〟？」

私が聞き返すと、戸山さんは「うん」と言って、触らない約束で手首を見せてくれた。

確かに、言われてみれば華奢《きゃしゃ》な手首が少しだけでこぼこしているように見えなくもない。それも「言われてみれば」というくらいなのだが。

「よくわからないから人には触らせないようにしてるんだけど。触ってそっちになんかあっても怖いし」

あのとき、手を放された瞬間、彼女の手首を握っていた手は離れた。

――が、あのとき手首に沈んだ指先の一部は、戸山さんの感覚としては「そのまま」なのだそうだ。触ると中にぶよぶよした異物が入っているかのように感じるという。

「痛くはないけど、ナタデココみたいな大きさで、たまにひんやりする」

いくつか、聞いた中で引っかかる言葉がある。

若者は、盛岡の「神社」でなんの仕事をしたのか。それと関係はあるのか。

そして、若者の捨て台詞はただの酔っぱらいの妄言なのか、それとも彼もまた別の異常な状況を体験していたのか。

引っかかりはするが、すべては確認しようがない。

黒いゴミ袋

布川さんが育ったのは裕福な市だった。

「裕福な人々が多く住んでいる」という意味ではない。大きな企業の本社があったため税金が多く、予算が潤沢だったのだ。

それらは立派な図書館や、工夫をこらしていつでも出せるようなゴミ捨てのシステムとして市民に還元されていた。

とはいえ、生まれてから同じところに住んでいれば他の土地の事情は知らない。その市が恵まれていたことを彼が実感したのはひとり暮らしをはじめてからだったという。

布川さんは就職をきっかけに実家を出た。

就職先は通勤ができない距離ではなかったが、出社だけで疲れてしまうほど混雑する路線なことは知っていた。

ひとり暮らしは概《おおむ》ねうまくいった。が、その中で不満が大きかったのがゴミ捨てだった。「曜日に合わせ、朝の九時までに、分別して市指定のゴミ袋に入れて出す」というそれだけのことが守られないのだ。

几帳面な彼は当然それを守っていたが、学生やまだ若い社会人の多い地域のせいか、周りがそのルールを疎《おろそ》かにしているのが目立った。

それはゴミを出す日に限らない。

出してはいけない日に出されたゴミ、漁るカラス、それによって汚れる集積所。その袋の下から現れる虫がかさかさと地面を這う。会社帰りにそんな光景を見ると、疲れがどっと増すようだった。

だが、前に住んでいた町が「みんなちゃんとやっていた」のかといえば、そこは曖昧だ。

頻繁な収集、いつでも捨ててよいシステム、ゴミが見えず、蓋の重い集積用の箱が市によっていくつも設置されている——そこでは、使う人のモラルが試されることが少なかっただけともいえるのだから。

その日の仕事帰りも、いつものゴミ捨て場が目に入った。

ピンク色のゴミ袋は、本当は数日後に収集される燃えるゴミ用のものだが、既にいくつも置かれている。

だが、その日はそれだけではなかった。

少し離れたところで、真っ黒なゴミ袋が妙な存在感を放っていた。

布川さんの腹のあたりを不快感がもやもやと覆った。季節は夏、僅かな悪臭を乗せた生暖かい風が布川さんの頬を撫でた。

そのゴミ袋には違和感があった。ビニール袋特有の光沢がまったくないのだ。他の袋は近くの街灯の灯りがあたっているのに、まるでそのひとつだけ光が当たっていないかのようだった。

かといって、自分には関係ない。どうしようという気もなかった。そのまま通り過ぎてしまおうと思ったとき——それが、動いているのがわかった。

中のものが苦しんでいるかのような、もごもごとした動き。

最初に布川さんの頭をよぎったのは、「猫」という単語だった。四十リットルのゴミ袋と似たサイズに、ひとりの人間を入れられるわけはない。かといって、もっと小さな虫が集団で中で動いているような動きには見えない。

考えたくはないが、誰かが虐待で猫をそこに入れたのだとしたら……。

(まだ生きているのなら、助けないと)

布川さんが思ったとき、黒いゴミ袋は、移動をはじめた。

それは袋そのものが生きているようなスムーズな動きだった。中のものは相変わらずもがいている。それとは関係なくゴミ袋は移動する。

手足があるわけでもない。転がるわけでもない。それは地面をごそごそと音をたてながら這い、ピンク色のゴミ袋どうしの小さな隙間、暗がりに吸い込まれるように入っていった。

「え?」

黒いゴミ袋はそもそも隙間に入るような大きさではなかったはずだ。覆い尽くすような大量の他のゴミがあるわけでもない。

——消えた。そうとしか思えない。

呆気にとられた布川さんの周りは、気がつけば静まりかえっていた。

今さらながらに震えた足で部屋に入ると、ぬるい空気の中でへたり込んだそうだ。

一度しか見ていないそれがなんだったのか、布川さんにはわからない。

アパートに帰るためにはゴミ捨て場の前を通らなければいけないのもあって、次の部屋の更新に合わせてその町から引っ越した。

「でも、中は猫だったように見えたんですよ」

猫が何かに食べられてしまったようで、彼にとってはそれもショックだったそうだ。

キッチンの私

（家に帰ったら誰か料理作ってくれてたらなあ）

残業を終えたあと、ひとり暮らしの久美子さんはそんなありえないことを思いながら帰宅した。コンビニに寄ることすら面倒で、今夜は買い置きのカップラーメンでいいとまっすぐ帰ってきたという。

鍵を開ける。

「ただいまぁ」

玄関に入るとき、誰もいないのにいつも実家の癖で言ってしまう。

ぱち、と電気をつけると廊下兼キッチンが蛍光灯で明るく照らされた。

距離にして一メートル。

まな板で何かを切っていた人が、驚いたように久美子さんを見て、目と目が合った。

それは久美子さんだった。

「は？」

お互いに目を丸くし、状況が理解できず止まってしまう。

その中でキッチンの久美子さんはすうっと消えてしまったそうだ。同時に、彼女が切っていたものも消えた。

取り残されたのは、玄関に立ち尽くす久美子さんと、鉄っぽい臭いだけだった。

「もう疲れてたから、幻覚、幻覚！　って思ってそのまま寝たし、その一回だけだから引っ越しもしてないけど」

見た瞬間に、彼女が切っていたものは人、もしくは人形の腕のようだったという。

横にすると目を開ける

大学三年生の秋。アコースティックギターのサークルに入っていた翔太さんは、サークルの仲間と久々に「物置」を訪れた。物置と呼ばれているサークル棟の端の部屋は、普段部室を使っての活動が少ないサークル三つほどが共有している一室だ。

その日は、演奏会を前にして手描きの宣伝ポスターを作るための文具や模造紙をサークルの六人ほどで取りに行ったのだという。

「ほとんど行かないのもあって、いつも慣れない場所でしたね」

他のサークルは名前だけ知っているが、会ったことはない。どこか他人の家に勝手に入って物を持っていっているような、落ち着かない気持ちがあったそうだ。

だがはじめて来た一年生たちは、物珍しそうに室内を見ていた。

「うおっ、なんだこれ」

ひとりがそう声をあげた。翔太さんがそちらを見ると、そこには一体の人形が置かれていたそうだ。

「なんていうんですかね、子供がおままごとで遊ぶっていうんですか。女の子がお母さん役をやるときの子供役みたいな……」

翔太さんからは明確な単語が出てこなかったが、おそらく〈ミルク飲み人形〉と呼ばれる類の人形だと思われる。

四十センチほどの大きさで、汚れたピンクのワンピースに白いエプロンをつけていた。

彼女は、窓の下の壁によりかかって座ったまま眠っているようだった。そう見えたのは、目を閉じていたからだ。両手をだらんと横にたらし、ぐったりしているようにも見える。

疲れを感じさせる表情は、ひと目見るからに不気味だった。

「……映画同好会ですかね」

不穏な空気をなごませるように、後輩のひとりが言った。

確かにその大学には方向性や規模の違いによって複数の映画サークルが存在していた。その中でこの物置を使っている映画同好会は少人数で映画撮影をしているグループだと聞いている。

逆にいえば、映画や演劇の小道具でもなければその人形はここにあるのはあまりに不自然だった。そこそこ大きなものでもあるし、二十歳前後の学生が持ち歩くのはどう考えても異様だ。

ただ、翔太さんたちはその人形をどうにかしなければいけないわけではない。目的のものを取って早く出ようとしたとき……。

「かわいい！」

高い声が聞こえた。

一年生の咲さんだった。

咲さんは入部してきたときから少し変わった子という印象だったそうだ。口癖のようになんでも大きな声で「かわいい！」と言う。一方で機嫌の良し悪しが激しく、どう接していいか困ることもあった。

「かわいくはないだろ」

「かわいいですよー」

周りの苦笑いにもそう言って、咲さんは人形の頬を指先でつついた。強い力であったようには見えなかったが、人形は横倒しに倒れた。ごとん、という音がした。

一瞬、どうしようという空気が流れた。が、それを破ったのもまた咲さんだった。

「あっ。目が開いてる」

座っていたときには眠るように閉じていた人形のまぶたが、開いていたのだ。

片方は三分の一ほど開いているが、まつげで目の奥はよく見えない。もう片方は、ぱっちりと開いていてその目は白目の部分も真っ黒に塗られていた。

悪意、という言葉が翔太さんの頭に浮かんだ。人形が持っている雰囲気もそうだったし、本来子供が遊ぶはずのかわいい人形をこんな風に改造した「誰か」がいると思うと、暗い気持ちになった。

その不気味さは女性のひとりは小さく悲鳴をあげるほどだったが、逆に咲さんを意固地にさせてしまったようだった。

「かわいいじゃないですか！」

そう言って手にしようとする。

「やめろって！」

翔太さんは、自分が出した咎める声が、思ったより強く響いたことに驚いたという。

「……うちのサークルのじゃないから、あんま勝手に触んないでね」

慌てて口調を平静に戻しはしたが、悪くなった空気が戻るわけではない。咲さんも拗ねたような表情で人形を見ていた。

「壊れたわけじゃないだろうしさ、元に戻して、早く物取って帰ろうよ」

他の男子がそう続けてくれたことに翔太さんはほっとしていた。

人形は、窓の下にもう一度座らせると、元のように両眼を閉じた。

それから、いつも集まっている場所に戻ってポスターを作った。咲さんは帰ってしまったようだが、もともと自由参加なのだから仕方ない。

その日、暗くなってから物置に文房具を片すのはさっき取りに行かなかったメンバーが行ってくれた。

あの人形を見たくなかった翔太さんがほっとしていると、一緒に物置に行った女子が言った。

「さっきの人形、変だったね」

「そりゃ小道具だから変にしてあんだろ」

「だよねえ。普通はああいう人形って、起きてるときに目を開けて、横にすると寝るようにできてるもんね」

彼女曰く、そういう仕様であるのが普通だと思っていたという。改めて説明されると、当たり前のことでもあった。

目が開いたり閉じたりするのは普通なのだ。おかしいのはタイミングが逆になっていたこと。そしてその目が妙だっただけで。

その後、物置から帰ってきた彼らのうちのひとりは、

「人形なんて、なかったけど？」

と言った。

翔太さんはぞっとしたが、他の人が入らない場所というわけでもない。

（持ち主が回収したんだろ）

そう思ったという。


年に数回あるアコースティックギターの演奏会は、大学のホールを使って行われるのが恒例だった。外部からの講演の方が来たときに使うこともあるホールなので、小さいながら音響室があり、設備は充実したところを貸してもらうことができたという。

公演前日のリハーサルの日。主力の三年生ということもあり、翔太さんは自分の出番以外にも何かと動き回っていた。特に記録用のビデオカメラに関しては、自分だけが担当ではないものの、責任者的な立ち位置でもあった。

「あ、先輩」

音響室に様子を見に行くと、リハーサルの様子を撮影していたカメラのモニターを見ていた一年生の男子が、小声で翔太さんを呼んだ。

「何?」

「あの、小道具とか飾りみたいなの、ステージに置くことになりました?」

「いや、聞いてないけど……」

「ステージの端に人形みたいなの置いてあるけど、それを撮るならカメラの位置変えなきゃと思って」

人形、と聞いて翔太さんが思い出したのは物置で見たあの人形だった。

「ちょっと様子見てきますね」

そう言って彼はそちらに向かってしまった。

音響室は窓がなく、光のささない場所なので夕方でも薄暗かった。扉の閉まる音が妙に大きく聞こえた。

モニターを確認する。ステージでは翔太さんと同学年の男性が演奏している。だが、その画面の中には彼の言ったような人形など、どこにもない。

(見間違いじゃないのかな)

見間違いだといいな、と思ったそのときである。

「先輩」

不意に耳のそばから女性の高めの声で呼ばれた。

え、と思った。扉はひとつ。さっき一年生がこの部屋を出ていくときに閉めた音を最後に、開いた音はしていないはずだ。

声に釣られるようにそちらを見た翔太さんは、目の前の状況を一瞬把握できなかった。

女性が横に立っていた。片目が真っ黒で、白目の部分がない。虹彩もない。黒く塗りつぶしたように光がない。

もう片方の目は少しだけ開いている。が、その中には白い部分しか見えなかった。

何より異様だったのは、彼女の首が真横に傾いていたことだ。骨が折れなければそうはならないというほど直角に曲がり、頭は肩につきそうになっている。長い茶髪だけは重力のままに真下に垂れていた。

「先輩、先輩、せんぱい、せんぱ」

その声や髪は、確かに咲さんに似ていた。けれど咲さんとは微妙に違う。あまりにも作り物じみている。

翔太さんは叫び声をあげ、尻もちをつくとぎゅっと目を閉じた。

何事かとほかの部員が駆け付けたときにはもう、そこには震える翔太さん以外誰もいなかったという。


このとき、咲さんはというと、少し前に自分のリハーサルを終えたときに「体調が悪い」というので同じ学年の友達に自室まで送ってもらっていたという。

時間的には、その友人が咲さんを部屋に送り届け、「体調が悪いなら飲み物やちょっとした食べ物も買っておいてあげよう」と近所のスーパーに行って戻ったあたりで、翔太さんは音響室の女を見ている。

友人はそのほぼ同時刻に咲さんが彼女の部屋にいるのを見ている。やはり彼女のわけはない。

だが、その友人は言った。

「私も本当は、夜もその部屋で看病したほうがいいのかなって思ったんですけど。部屋に置いてあった子供の人形がめちゃくちゃ気持ち悪かったから、帰りたくて」

翔太さんはその後、冬休みまでサークルを休んだ。翌年からは咲さんがサークルに来ることがなかったので、そのあと彼が咲さんに会うことはなかった。

伝え聞く限りは彼女は元気に卒業したらしい。

「でも、なんだか辻褄が合わないでしょ？」

翔太さんはいまだに不思議に思っている。

「なんで俺のところにっていうのもそうだし、人形は横にぽてっと倒れただけで、首が曲がったりはしてないんですよ」

だが、どこかに首の折れた誰かがいたとしても関わる気もない、と彼は言った。

どちらかは彼だとしても

今から十五年ほど前のことだという。大学生で就職活動をしていた美里さんは、ＯＢ訪問をきっかけに篠田さんという男性と出会った。

ＯＢ訪問なのだから同じ大学の出身なのは当然だが、ふたりにはそれ以外にも共通点があった。偶然、出身の高校も同じだったのだ。学年が違ったふたりは高校時代こそお互いを知らなかったが、同じ学校の話題で盛り上がったそうだ。


「母校を見に行ってみない？」

ある日、就職の相談の後で篠田さんは美里さんを誘った。

ふたりの母校は、美里さんの卒業後に他校と統合され、ひとつの巨大な高校となってしまっていた。彼女たちが過ごした校舎自体も今は使われていない。今後別の用途に使われるという噂はあったが、今は無人の廃校舎が残っているという珍しい状況だったそうだ。

篠田さんの車で夜の母校に向かうことになった。

「見に行こう」という話だったので美里さんは車で通りがかるだけかと思っていたが、現地に着くと篠田さんは当然のように車を降りた。

校内に入れる場所を探して校門の周りをうろうろしている彼を追うようにして美里さんも車を降りたものの、中まで行く気なのかと思うと不安になった。夜の学校の恐ろしさとは別に、就職活動の只中に問題を起こしてはいけないという気持ちが強かった。

高校の門扉に目を遣った。

在校時代にも、日が暮れてから学校を出たことはある。だが、当時とは雰囲気が違う。毎日通っていた場所にも拘わらず、閉められた門からは強い拒絶を感じた。

「うーん、裏門のほうに行こうか」

篠田さんに正門の突破を諦めさせたのは、どうやら貼ってあった警備会社のマークらしかった。

それでもなお、更に暗い奥に行こうと言う。

先輩でお世話になっているとはいえ、こうも暗いところに誘導されるのは、自衛の意識が働いた。ここはまだ道沿いだが、裏門へ続く小さな脇道にはそれこそ人目もないだろう。片方を学校のフェンス、もう片方を民家のブロック塀に挟まれた一本道では逃げ場もない。

しかし、先輩の誘いを断って機嫌を損ねてはいけない気もする。打算的かもしれないが、そちらが本来の理由なのだし、それを人質に取られるような状況でもある。

同時に、

(裏門、嫌だな)

ちり、と嫌な予感が神経の先に触れた。高校時代でさえ、裏門の近くに行くのは焼却炉に用事があるときくらいだった。ゴミの臭いと何かの焼けたあとの臭いを覚えている。

篠田さんは美里さんの先を歩いていた。足元が暗いので、美里さんは懐中電灯がわりに、またすぐ誰かに連絡を入れられるようにとガラケーを取り出した。

その間も篠田さんは進んでしまったようだったので、ライトが点くと同時に顔をあげたときのこと。

「えっ？」

ライトに照らされた先、男性がふたり並んで立っていた。

美里さんから五メートルほどの位置のこと。外灯の下なのでどちらも顔は見えるが、美里さんの中では理解を超えたことが起こっていた。

――どちらが「一緒に来た」篠田さんなのか、わからない。

ふたりの顔はまったく違ったという。前々から知っている人ではないとはいえ、片方は先ほどまで一緒にいた人、もうひとりはまったく知らない人のはずだ。服装も、ふたりともスーツではあるが、全然違う。

なのに、美里さんには先ほどまで隣にいたのがどちらの人なのかわからなかった。

そもそも、数秒前までそこにはひとりしかいなかった。直線の道には他の人の気配などなかった。そのふたりがまるでお互いに気づいていないかのように並んで美里さんを見ている。

混乱したのは数秒。恐怖が首筋を駆け上り、自分の喉からあがる切羽詰まった悲鳴を聞いた。

電車に乗って人心地つくまでのことを美里さんはよく覚えていない。

結局、その会社は理由をつけて断り、内定は他の会社に決まった。篠田さんからは何度か電話がかかってきたが、申し訳ないとは思いつつ、着信拒否にした。

「もう一度会ったときにどちらの顔でも怖いので」

ふたり並んでいた男性は、ひとりは茶髪、ひとりは黒髪の短髪だったそうだ。

リスクを負う

恵さんは、自分の顔にずっと気になる部分があり、美容整形をしたのだそうだ。「痛そう」という先入観が私にはあるのだが、そんなことはなかったという。

「コンプレックスが消えて嬉しかった」

毎朝鏡で見る自分の顔が、短い時間の手術でまったく違って見えた。もっと早くやればよかったとさえ思ったという。

しかしそれ以降、彼女の周りでひとつ不思議なことが起きるようになった。

「うちの近くで、お母さんを見るようになったんですよね」

恵さんは都内でひとり暮らしをしている。対して、お母さんが住んでいたのは、S県の実家だ。電車で二時間。行き来できない距離ではないが、そう無意味に来ることもない。

現に見かけた日のことを電話で遠回りに確認したが、「その日は家にいた」という。

お母さんは物静かで穏やかな人だったという。子供の頃からあまり怒られた記憶もない。恵さんには彼女を〈怖い〉と思う気持ちはない。

だが、見かけるようになった「お母さん」は違った。遠くから見るだけでわかるほど、ひどく怒っている。

いつも車道を挟んだ反対側や、向こう側のホームなどのすぐに行けない場所に彼女の姿はあり、風景の一部のように動くことはない。

そこに立ち止まり、恵さんを睨みつけている。そして少しすると、目を離した拍子に消えてしまう。

いつも、声をかけることはできなかった。

何度も「別人ではないか」と思った。よく似た他人であってほしかった。だが、確かにお母さんが持っているのと同じ形の茶色いバッグを持っている。

いつしか「あのお母さんは本物ではない」と思うことにし、恵さんは怒っているお母さんを極力見ないようにした。

そんな中、お正月の実家で、整形したことをどう思っているのか直接聞いたことがある。

お母さんは面食らったようだったが、なにを改めて、という様子で、

「あなたがよかったのなら、よかったと思うけど」

と言った。それはいつもと同じ穏やかなお母さんの顔だった。

「それに、もうしてしまったのだし」

確かに、それはどうしようもないのだ。


恵さんのお母さんが亡くなったのは三年前。

五十代でなんの病気の前触れもなく倒れ、恵さんが実家近くの病院についたときには既に亡くなっていた。

それ以来、なぜか怒っているお母さんもまったく見なくなってしまったそうだ。


話を聞かせてもらった私が思ったのは、「なぜ恵さんはきっかけが美容整形だとはっきり言うのだろう」ということだ。

時期が被るとはいえ、怒っているお母さんは何か怒鳴ったわけではない。現実のお母さんは怒っていないと伝えている。

お母さんの側に何かあったということはないのだろうか。

恵さんもそれは考えたそうだ。

ただ、お母さんから何かあったとは聞いていない。そもそもあまり自分のことを話さない人だったと言い、今ではそのことも寂しく思うという。

それさえも、どうしようもないのだ、と。

「は」「る」

昭和の時代、個人情報はもっと雑に扱われていた。雑誌の文通欄には住所や電話番号が実名で書かれてもいた。

そして雑誌のみならず、某ファンシーグッズを扱うショップで売られる新聞（の形式の情報誌）にも文通相手の募集は掲載されていた。

当時小学生だったかおりさんはそれを見て、同じうさぎのキャラクターが好きだという滋賀県の女の子に文通希望の手紙を書いた。余白にそのキャラクターのイラストを書き、色えんぴつで色を塗る。お母さんの勧めもあり、返信用の封筒などもきちんと用意した。ポストに入れるときは、まるでラブレターでも出すかのようにドキドキしたという。

だが、数ヶ月待ってもかおりさんの元に返事は来なかった。

「もちろん、大人になってから考えると、申し込みがいっぱい来ちゃったんだろうなって思うよ」

当時は、毎日ポストを確認しては「今日も来てなかったか」と肩を落としていたが、少しするとそれもなくなった。踏ん切りがついたということでもなく、新しいことが毎日やってくる世界で頭の隅に追いやられただけだ。


その返事が、二年後に来た。

学校から家に帰るとお母さんが、「あなた宛てに手紙が来ていたわよ」と教えてくれた。

(なんだろう)

最初思い当たらなかったが、そのうさぎの封筒を目にすると、二年前の文通相手募集のことを思い出した。滋賀県から始まる住所、相手のちょっと珍しい苗字。間違いない。

だが、返事が来ても正直困惑した。過去にはあんなに待ち望んでいたのに。

というのも、最近はもうそのキャラクターのグッズは「子供っぽい」と思って集めなくなっていたし、友達になりたかった気持ちも置き去りにされてしまっていた。

それでも、封を開けはした。そのときのことをかおりさんはよく覚えているという。

夕方のダイニングテーブルで手紙の封を開ける自分、キッチンで料理しているお母さんの後ろ姿。野菜を切る音。

封筒には手紙らしきものは入っておらず、代わりに折り畳まれた藁半紙が入っていた。

鉛筆で五十音と、はい、いいえが書かれている。赤い鳥居のマーク。

「お母さん、これ何だろ？」

かおりさんの小学校ではコックリさんは流行っていなかったそうだ。この紙を見ても何に使われたものなのかがわからず聞くと、お母さんはあからさまに顔をしかめた。

「厭ないたずらね」

赤いサインペンで、いくつかの場所に丸がつけられていた。『は』と『る』、そして『いいえ』。

意味がわからないながらに、かおりさんも厭だと思った。

もっとも、一般的なコックリさんのやり方ではこんな風に丸をつけることはないので、ローカルなルールなのか、コックリさんの紙は使ったが謎解きのようなものなのか、それともコックリさんの途中の事故でこんなことになったのかはわからない。

ただ、最後は『いいえ』だ。本来のコックリさんのルールで言うなら「帰っていない」ことになる。

「ピン、ポーン」

そのとき、玄関のチャイムが鳴った。

嫌なタイミングに、お母さんの顔が強張った。

当時から、彼女の家では鍵をふたつかけていた。チェーンもかかっている。

普段ならすぐに「はーい」と言うお母さんが、静かにインターホンに向かい、硬い声で応答した。

「どなたですか」

ドアの向こうから返事はない。

少しして、また、

「ピン、ポーン」

お母さんは、もうインターホンで答えなかった。相手が名乗らない以上は無視か確認かの二択で、このときのお母さんは無視を選んだ。

しばらく、音のない時間が流れた。

そのあとで、がちゃんという扉の開く音。

「ただいまああ」

それは小さな女の子の声のようだったし、小さな女の子の真似をする声のようでもあった。最後が妙に間延びする。それが玄関から聞こえ、お母さんはかおりさんを抱きしめた。

「ちあ、ちあきいいい」

お母さんの名前だった。彼女はかおりさんが聞いたことがない悲鳴をあげた。

悲鳴が消えたあと、家はひどく静かだった。玄関から来るものの気配も、来たものの息遣いもなく、玄関のドアだけが——鍵をすべてかけていたことのほうが嘘のように——半端に開いていた。

あとで見てみると、開いた形跡のない扉から泥だらけの靴跡が廊下に続き、居間のほうに向いたままふっつりと途切れていた。それもすぐお母さんが拭き取ってしまった。

数日後、お母さんは、その手紙の持ち主宛に手紙を書いた。そして送られてきた紙を中に入れて送り返したという。

それ以降、二度と滋賀の女の子から手紙が来ることはなかった。

「最近になって聞いたんだけどねえ」

一拍置いて、かおりさんは言葉を選びながら再び語りはじめた。

「はる、っていうのは私の友達にはいなかった。私はひとりっ子で兄弟もいないし、ペットを飼ったこともない」

だから、そのときのかおりさんには思い当たる相手などいなかったのだ。

「はる、っていうのはお母さんの妹さんのあだ名だったんだって。本名は、みはる」

だが、かおりさんはみはるさんに会ったことはない。

「みはるさんは、子供の頃に亡くなったって。はるって呼んでたのは、お母さんだけだったらしくて」

だから余計に、あのときはパニックになってしまったのだと二十年以上たってお母さんはかおりさんにはじめて話してくれた。

「妹なのに怖がって悪かったけど、あのときはあんたをどう守れるかわからなかったからねえ」

滋賀の子が、亡くなった叔母の名前など知っているわけはない。

もちろん偶然といえばそれまでかもしれない。けれど、ならばなぜ訪ねてきたものはお母さんの名前を呼んだのか。

「お母さんは、手紙に何書いて返したのかなって思ってる」

それは教えてもらっていない。

わわわ

はじめて健治さんがそれを聞いたのは、まだ彼が小学生の頃だ。

夏休みの夕方、叔父の公博さんが遊びに来ていた。

独身の公博さんは、母の弟で、祖父の経営している中華料理屋で働いている。

彼の話は他の人が教えてくれないような面白いものもあったが、中には事件や事故の話、怖い話、ともすれば不謹慎な話も多かった。幼い健治さんの中には聞きたい気持ちもあったけれど、怖いときも少なくなかった。


その日は、夕飯を作っている母に公博さんが何かを話していた。

ダイニングで聞いていたが、当時の健治さんには難しい内容で、よく覚えていない。

今となると、混み入った恋愛の話だったように思う。お母さんは困ったように話題を変えようとしていたが、公博さんは頑なにその話を続けていた。

そのときである。

「わわわわ、わわわわわ？」

公博さんの言葉が突然、そのように聞こえた。

声は彼のものなのに、抑揚や音程があっても内容は判別がつかない。

先ほどまではしっかり言葉を聞き取れていたのに。壊れてしまったような叔父の話し方に動揺する健治さんをよそに、会話は続いた。

「もう、へんなこと言わないで」

母は内容までしっかりわかっているようで、相変わらず困ったようにではあるが普通に返事をしている。

「わわわ」

公博さんは笑ったが、それも同じような音になっていた。

急に怖くなった健治さんは「ゲームをしてくる」と言って席を立った。

(もしお母さんまでおかしなしゃべり方になっちゃったらどうしよう)

そんな想像が頭をよぎった。

居間に行くと、ふたつ離れた姉がテレビゲームをしていた。ひとり用のものなので、黙って横で見ていたそうだ。

父親の帰宅した声の少しあと、夕飯に呼ばれた。そのときにはもう公博さんの言葉はいつも通り、元に戻っていた。

さっきのことが、夢だとか、ちょっと具合が悪かっただとか、そんなものならいいなと思ったそうだ。なので、誰にもそのことを伝えなかった。もちろん、公博さん本人にも。

だが、それからもたまに公博さんの声が同じように聞こえた。

なぜか、父がいるときは起こらない。母と話しているときばかりだ。

「わわわわ？」

おかしな響きだけの声に、母はいつも仕方ないというように曖昧な返事をする。

なぜ公博さんの声がおかしくなるときは同じ音なのだろう。姉に聞いてみようかとも思ったが、姉は昔から公博さんを毛嫌いしており、彼の話をするだけで不機嫌になるので聞かずにいた。

そういえば、亡くなった父方の祖母もそうだったな、と思い出す。

健治さんが小学二年生の頃に亡くなった祖母は、孫には「優しいおばあちゃん」だったが、基本的には気の強い人だったと聞いている。そして、公博さんを嫌っていた。二人が談笑している姿は記憶にないし、彼が頻繁に遊びに来るようになったのは祖母が亡くなった後だ。

ただ、一度だけ公博さんが直接その声で健治さんに話しかけてきたことがあった。

健治さんが遊びから帰ってきたところに、玄関でばったり会ったのだ。

「健治、そういえばお前わわわわわ」

自分にその言葉が向いたのがはじめてだったので、きょとんとしてしまった。どう返事をしたらいいかわからなかった。

するし、彼は馬鹿にしたような顔で、

「わわわわ、わわ」

と続けた。子供心にもひどくバカにされているのがわかった。言われている内容がわからなくてもイラつくことがあるのだと思った。だが、その間も叔父は羽音のような、よくわからない声で何かを話していた。

そのとき、玄関のドアが開いた。姿を見せたのは、塾から帰ってきた姉だった。

姉は、ばっと健治さんの腕を取ると、

「そういうこと、健治に言わないでください」

そう言って、普段は入れたがらない姉の部屋に健治さんを引っ張って連れていった。姉の手は細かく震えていた。

(お姉ちゃんには、言葉が聞こえてたんだ)

そのことに少なからず動揺した。

もちろん、自分と同じように聞こえていても動揺するのだが、ああやって聞こえるのは自分だけなのだ。

「あの、姉ちゃん」

なんて言ってたの、と聞きたかったのだけれど、姉は唐突にぐすぐすと泣いた。気丈な彼女がどうしたんだろうと思ったが訊けないまま、隣にいた。

(怖かったんだ)

理由はわからないが、叔父のことが。だが、そんなことを話せる空気ではない。無力さを感じながら、泣いている姉の隣で膝を抱えていたという。

さすがに母に相談した。自分が何かの病気かもしれないとも思ったからだ。

母はやはり困ったような顔をしていた。

「お父さんと相談するね」

そう言われ、何か大事になってしまったら困ると思ったが、健治さん自身は結局、耳鼻科と小児科に一度ずつ連れていかれただけだった。薬らしい薬も飲んだ覚えはない。

だが、公博さんと父は何かもめたらしい。よくは教えてもらえなかったが、タイミングを考えても健治さんの話がきっかけではないかとは思っている。

それ以降、公博さんが家に訪ねてくることはほとんどなくなった。更に健治さん一家が引っ越しをしたことで、彼を見かけるのは親戚の集まる冠婚葬祭のときくらいになった。その場でも公博さんは健治さんを避けていて、ほとんど話すことはなかった。

その公博さんが、数年前に亡くなった。

入院などもせず、大きな病気の前触れもない突然の死だったという。勝手に社交的な人だと思っていたけれど、お別れに訪れる人は少なく、寂しい葬儀だった。

そのとき、葬儀場内で突然声をかけられた。

「わわわ、わわわわ？」

見知らぬ茶髪の女性が、葬儀だというのににっこりと笑っていた。

「わわわわわ、わわわわわ」

(あのときの叔父と同じ声だ)

鳥肌がたった。周りに知人がたくさんいなければ悲鳴をあげていただろう。

何年ぶりか、何十年ぶりか。

あのときと違うのは、わからないながらも「すみません、ちょっと失礼します」とだけ言って会話から逃れることを覚えた大人になっていたということだ。

「あのさあ、あの人」

小声で聞いた健治さんに、姉はそちらをちらりとだけ見て、

「叔父さんの恋人だったらしいよ」

ぽつりとそれだけ言った。

その日を最後に、健治さんはあの声を聞いていない。

８０８／７０８

東京のＴ区にある某ホテルに勤める加瀬さんに聞いた話である。

加瀬さんは奥さんの趣味だった寺巡りなどに付き合ううち、加瀬さんのほうがたまに霊を見るようになってしまった、という男性だ。

彼の勤めているホテルは山手線の駅から歩いて五分程度のところにあり、利便性はよいものの、それ以外の特徴はと聞かれたら難しいような、ごく一般的なビジネスホテルだという。


ある日、出勤すると支配人が言った。

「今日から８０８を従業員の休憩室にするから」

加瀬さんは理由を聞いたが、曖昧にはぐらかされ、教えては貰えなかった。

かつて、808号室は客室だったと思われる。が、加瀬さんが働きはじめたときには既に客室でない扱いだった。「808号室」と書かれたプレートは外され、部屋番号は806、807から809に飛んでいる。だが、他の用途で使われるわけでもなく、単に使用されない客室という状態のまま放置されていた。

808号室は本来、眺めの良い高層階の部屋だ。エレベーターや自販機とも遠く、静かな場所でもある。好条件にも拘わらず、なぜ客室として使わないのか疑問に思ってはいたそうだ。

だが、夜勤の日にそこで眠ると、その部屋に客を泊めない理由はすぐにわかった。

数時間の仮眠のために808号室に入った彼は、疲れていたのもあり、ベッドに横になると吸い込まれるように眠っていた。

それも束の間。外から聞こえる足音で目が覚めたそうだ。

――カン、カン。

そういえば808号室は非常階段に隣接していたな、と思い出した。普段は客室で眠る機会はないし、非常階段を使う機会もないので忘れていた。

非常階段は、飛び降り事件があったこともあり、一階で厳重に施錠されているはずだ。

では、誰が。

ベッドヘッドの時計は深夜三時を示している。

周りは異常なほどに静かだった。外の車の音も、空調の音さえも聞こえない。

非常階段の足音は決して大きくはない。速くもない。

だが、確実に外の階段を一段ずつ上がってくる。

この部屋の横まで来るのだろうか、と思う。それは困る。非常階段の扉は、なぜかこの部屋の壁にあるのだ。

——逃げようか。

そう思ったとき、足音が止まった。

ごく近い場所。おそらくひとつ下の階だったという。

そしてそのまま足音が動くことはなかった。もう一度その部屋で眠る気にもなれず、しばらく様子を見ると、加瀬さんはそっと部屋を出て同僚のいるフロントに逃げ帰った。

その足音は808号室を使った他の同僚も聞いたという。そのときもやはりひとつ下の階で止まったそうだ。

実は、その808号室の真下にある708号室はいわゆる〈曰く付きの部屋〉だった。随分前に、高齢の男性客がバスルームで溺死。その後、同じ部屋に泊まった会社員の男性は非常階段に出て飛び降り自殺をしている。

このホテルではそういった事件が多いわけではない。それなのに事件がこの部屋の客に集中しているようで気味が悪いとスタッフの中では噂になっていた。

非常階段を上がってくるのはその飛び降りた男性ではないかと言われている。非常階段の音がするのはいつも深夜三時ごろで、それは飛び降り自殺が起こった時間とほぼ同じだったからだ。

と、そこまで聞いた私はひとつ疑問が沸いた。

「ええと、その人は亡くなるとき、708号室から非常階段に出て、そこから飛び降りたんですよね？」

私が言うと、加瀬さんは「え？」と聞き返した。

「七階に泊まっていて、その非常口から外に出て飛び降りたんだから、そのときに階段は使ってないんじゃ」

「そうだけど、音はするし」

ならばもし「彼」がそこを上ってくるとしたら、その姿は――。

そんなの聞いちゃったら絶対見たくないですね、と加瀬さんは言った。

彼は今もそのホテルで働いている。

ただ、７０８号室から騒音に対するクレームや、幽霊が出たという話が出たことはない。

鈴の音

りん、という涼やかな音が自分のすぐ後ろからした。

涼香さんは振り向いた。誰もいない。

駅前のスーパーに行く途中の路地であった。

夜の七時。とはいえ、六月の七時はまだ夕方といえるくらいの明るさである。見えないウイルスに脅かされる状況下で、町の人通りは以前の何分の一かになっている。涼香さん自身も、数日に一度の買い出しの他はほとんど外に出ていなかった。

テレワークが終わってからの買い出し、荒らされた後のようなスーパーの惣菜コーナー。それをすっと並べ直す店員さんのゴム手袋のされた手。それによって一見秩序を取り戻したように見える商品の中から、値引シールが貼ってある揚げ物を手に取る。

（こんなん密じゃん）

自分もそのひとりだけれど。惣菜に群がる人を抜け、店内アナウンスの「短時間でのお買い物をお願いします」という音声に背中をぐいぐいと押されるように必要なものをカゴに詰めていく。

かがむ。

りん、という音がする。

先ほども聞いた音だ。

後ろに人が？　いや、そんなに距離を詰めている人はいない。

自分が背負っているリュックを思い出す。だが、鈴のように鳴るものを自分はその中に入れた覚えはない。キーホルダーに鈴などつけていないし、これまでは鳴ったこともないのだから。

実際、買い物をすませて買った物を中に詰めたときには何も見つからなかった。

夜道を帰る間、りん、りんと一歩ごとに鳴る始末だ。その音は、少し近くなったり遠くなったりする。小銭か何かがリュックの中にばらまかれてしまっているのだろうか。そういう音ではなく、きれいな鈴の音に聞こえるが。

玄関で、りん、という小さな音を聞いたのを最後に音はなくなったようだった。とはいえ、原因は後で探してみなければいけないだろう。静かな場所では思ったより響く。

鍵を開き、ひとり暮らしのマンションの扉を開ける。以前までなら深夜でもなければばなかった人の気配のなさに、ひどく用心深くなってしまった。

マスクを外し、手を洗う。ダイニングテーブルが目に入る。

机の上に、真ん中で裂けたお守りがあった。見たことのないそれは、無理やりちぎられたように見える。自分のものではない。

小さな鈴がついていたそうだ。

能面旅館

森さんが、当時の恋人、和江さんと旅行に行ったときのことだという。

行き先は近畿地方の旅館。和江さんが前々から一度は行きたかったという老舗《しにせ》で、奮発しても一泊が精一杯。あまりいい部屋は選べなかった。

が、彼女は着くなり「ガイドブックで見たまんま！」とはしゃいでいた。

一方、森さんはといえば、敷居の高そうな見かけ、それと仲居さんの値踏みをするような視線に居心地の悪さを感じた。板張りの廊下を一歩進むごとに、木がまるで水分を含んでいるかのように沈む気がするのもどこか不快だった。

だが、機嫌のいい和江さんにそのような話をするわけもない。部屋に案内されれば、先ほどよりは落ち着きもしたそうだ。

チェックインのあとで近所を散策すると、夕飯の前にそれぞれお風呂に向かった。髪の長い和江さんはお風呂が遅い。お風呂の出口で待ち合わせなどはせず、先に部屋に帰るとは伝えてあった。行ったのは秋だったこともあり、早めの時間の夕食の前であっても日は急激に落ちていた。

大浴場に向かったときに比べてぐっと暗くなった廊下を歩く。

風呂は豪華だったものの、やはり、廊下は沈むような気がする。それだけでなく、軋む音もやけに響く。

他の部屋はもう夕食がはじまっているのかもしれない。膳を持ったまま角を曲がってきた仲居さんとぶつかりそうになった。慌てて避けた森さんだったが、仲居さんはというと何も言わずにそのまま去っていった。

森さんもまた何も言えなかった。先ほどぶつかりそうになった彼女の顔が、白い能面だったからである。

例えではない。〈能面のような〉ではなくそれは作られた女性のつるりとした面であった。小さな目。表情は笑ったまま固まっていた。それを「つけている」とは認識できなかった。もしそうだったとしてもそんなことをする意味もわからない。森さんにわかったのは、彼女の顔が能面だった、というそれだけである。

温泉で温まった身体が急激な寒気に襲われる中、見たものを信じられないままに部屋に戻って部屋の隅で呆然と時間を過ごした。せめてと思ってつけたテレビの内容もまったく頭に入ってこず、和江さんが帰ってくるまでの時間がひどく長く感じた。


「……大丈夫?」

ゆっくりお風呂に入った和江さんが部屋で見たものは、青い顔をした森さんだった。明らかに様子のおかしい森さんに、具合が悪くなったのかと心配してくれたという。

あったことを話そうか、と思ったものの和江さんは怖がりで、その手の話題が苦手だ。信じてもらえるかどうかもわからないし、森さん自身も恐ろしいと同時に、この後宿を代えようという気力もなかった。

「ちょっと湯あたりしたかも」

「え、フロントに連絡しようか?」

その申し出を慌てて断り、寝ていれば大丈夫だと伝えて横になった。

配膳の女性の声がしたときは、正直生きた心地がしなかった。だが、その女性は普通の顔で、和江さんもなんらおかしい様子もなく対応している。

けれど、その繊細で優美に作られた夕飯の味はまるで楽しむことができなかったそうだ。


(見間違いだったんだろうか)

眠る前には先ほどのことをそんな風に思うようになっていた。

何泊もするわけではない。明日の朝出れば終わりだ。

しかし、森さんの眠りはどうしても浅かった。

早めに寝たのもあって目が覚めてしまった午前二時。隣の和江さんの寝息が聞こえていた。誕生日プレゼントでもあったので、彼女が楽しんでくれたなら何よりだという気持ちもあった。

そちらを見る。彼女は森さんの方を向いている。

その顔は能面そのもので、じっと森さんを見ていた。


「その後どうしたかとか、よく覚えていないんです。気を失ったかどうかもわからないんですけど」

次の朝、森さんは目覚めると彼女を連れて旅館を出た。既に起きていた彼女は驚いていたが、そのときにはもういつもの顔に戻っていた。

フロントの横の壁に老人の能面が飾られていることには、支払いのときに気づいた。

この話を聞いたあと、森さんに、どの種類の能面に近いか確認をお願いした。

フロントに置かれていた能面はおそらく古翁《ふるおきな》、女性たちの顔は揃って小面《こおもて》であったような気がするとのことだ。

旅館はいまだにガイドブックに載っている老舗だが、ネット上で調べてもその旅館にまつわる似た話などはまったく見つからない。

まさゆき

ある晴れた日曜日。会社が休みだった俊樹さんは洗濯機を回して部屋に戻ったとき、唐突な不安に襲われたのだという。

「『息子が中に入ったままだったらどうしよう』って。慌てて洗濯機を見に行きました」

蓋を開けて中を見ると、貯まった泥色の水の中に子供の頭が半分くらい浸かっていた。

その下は濁った水に覆われて見えない。

下手な人が作った人形のようだった。まばらに髪のはえた青白い皮膚はふやけ、目だけが大きい。

それを見た瞬間、俊樹さんは「自分はそもそも結婚をしたこともなく、子供などいない」ことを唐突に思い出した。

（なんで、さっきまでは自分には子供がいると思ったんだ）

その瞬間、目の前の子供らしき頭はもう恐怖の対象でしかなかった。

青白い子供の頭は、動かない俊樹さんに、ぐりん、と顔を向けた。目が合うはずの角度なのに、視線が合わない。顔のパーツの大きさや配置のバランスがおかしいだけでなく、その目は何も映していない。

「……ゅき」

彼の口から聞こえる「ごぼ、ごぼ」という音が大きく、彼が言う言葉を聞き取れなかった。それを察したのか、彼はひとつひとつを区切るように言い直した。

「ま、…さ、…ゆ、…き」

「まさ……ゆき？」

呆然としたままの俊樹さんが繰り返すと同時に、彼の口からひときわ大きくごぼっという音をたてて大量の水が溢れた。

水は茶色く濁っており、ところどころ白い泡が浮いていた。

「情けないですが、悲鳴をあげて壁にずるずると座り込みました」

俊樹さんが座り込んで見えない間、洗濯槽の中で何が起こっていたのかはわからない。

本人にとってはひどく長く感じられた時間のあと、すっかり静かになった。

恐る恐る覗き込んでみた洗濯機の中に、もうそれはなかったそうだ。ひどく濁った水だけは残っており、水面には白い泡がいくつも浮いていた。もともと洗おうとしていた洋服は底に沈んでいたという。

その家が事故物件だとは聞いていない。そのあとで調べもしたが、少なくともネットにもそんな情報はなかった。

洗濯機は、この部屋に引っ越すときに新調したものだ。が、この一件以降、洗うものに土くさい臭いがついてしまうようになった。修理してまで同じものを使う気になれず、結局洗濯機は処分した。買い換えてからは何もない。

「ただ、親になったことなんてないのに、『もしうちの息子がうっかり入ってたらどうしよう』と思った瞬間はその子のことが本当に大切だったのが不思議でした」

「まさゆき」という名に、まったく心当たりはないそうだ。

神田の蕎麦屋

三池さんのご両親は共働きだった。

彼には兄弟もおらず、ひとりの時間が多い子供だったそうだ。

「だから庭にイマジナリーフレンドがいた」


彼が言うところのイマジナリーフレンドは、青木さんという痩せこけたおじさんだった。

そう聞いたとき、私はつい聞き返してしまった。

「イマジナリーフレンドって、おじさんでもいいんですね」

「おじさんじゃダメって決まりとかあるの？」

そんな決まりはないだろうけれど、だいたい同年代の子供と聞くことが多い気はする。

しかし、青木さんはくたびれたスーツを着て、よれたネクタイをした——当時の三池さんから見たら、イメージどおりの「昭和のおじさん」だった。

当時にしても少し古い、「サザエさん」の世界にいそうなサラリーマンだ。細い黒縁の汚れた眼鏡。その奥の何かに疲れきった目。

「あとは、少し、ううん、今思い返すとずいぶん首が長かったかな。にゅうっていう感じ」

庭の壁際、あまり手入れされていない低木の連なるところから上半身だけを出すような形なので、全体を見た覚えがない。それはどう考えても不自然なのに、なぜか一度も怖いとは思わなかった。


三池さんは学校から帰ると庭に行き、青木さんにいろいろな話を聞いてもらったという。学校であったいいことに厭なこと、給食、勉強、両親に友達の話、テレビとゲームの話。青木さんは聞き上手だったが、テレビやゲームの話には疎《うと》かった。

何かを相談したときには、静かな声で「そういうのはねえ、仕方ないよ」と言うことが多かった。

青木さんの「仕方ない」を聞くと、子供心にも「本当に仕方ないんだな……」という気持ちになった。それは、怒りや、前向きな「見返してやる」という気持ちまで削ぎ落として平坦にしそうな「仕方ない」で、自分に言い聞かせるような「仕方ない」だった。本当に仕方がないことはあるのだ。大人でも。そんな気持ちにさせられたという。それを幼くして知ったのが、よかったのか悪かったのかは、わからない。

たまにだけれど、仕事で行っていた駅の話などもしてくれる青木さんは三池さんの秘密の友人だった。神田の美味しくて安い蕎麦屋の話をしてくれたこともある。ただし、青木さん自身のことは名前以外ほとんど知らない。だいたい三池さんが話すことが多かった。なんとなく誰にも言わなかったのだが、ある日母親にちらりと言ってしまったところ、ひどく不気味がって遂にはそこらの木を伐る話にまで発展してしまった。

なぜか、あの人には行き場がないのだと思って慌てた。が、必死で止めても両親は木を伐る、と譲らなかった。幽霊かどうかよりも、本物の不審者だったらどうするのだ、という母親の主張は強かった。

伐る当日、青木さんの姿を見ることはなかった。

業者の人が物々しい装備で木を伐るのを、三池さんは黙って見ていた。当たり前のことではあったが、その貧相な木の影には人がずっと隠れている隙間なんてない、と改めて思ってしまった自分が悲しかったという。

なんのアクシデントもなくまっさらになった場所を見ながら、青木さんの「仕方ないよ」という言葉を思い出した。

——それだけなら、すべて子供の妄想なのだが。

最後に伐った木が倒れた瞬間、よれよれで地味な男物のネクタイが落ちた。あまり見せてもらえなかったが、父親によってすぐ捨てられてしまったそれは、青木さんの首にいつもあったものだった。

小さい頃からずっとその家に住んでいたお父さんが言うには、家の庭で誰かが死んだことなどなく、青木さんという男性に心当たりもないという。

そして、その日を境に青木さんは三池さんの前に姿を現していない。


「神田の美味しくて安い蕎麦屋ですか?」

「鳴崎さん詳しいですか?」

「詳しくないけど、しばらく働いていたので」

いくつかの店名を言うと、ひとつに「それです！」と嬉しそうに三池さんが言った。では、やはりイマジナリーフレンドではなく幽霊だったのだろうか。

だが、幽霊だとしても、青木さんがなぜそこにいたのかはわからない。

彼自身は、今度その蕎麦屋を訪ねたいという。

ナワの木

昨今の状況からテレワークに切り替わったという香田さんから聞いた話だ。

テレワーク自体の導入には特に問題がなかったものの、出社のためにこれまで歩いていた分はなくなった。それだけで運動不足を切実に感じたという。

香田さんは散歩を日課にすることにした。

「前に膝を怪我してから、走ると痛いので。負担がない散歩にしたんです」

散歩をするのに選んだのは、これまであまり歩いたことのない近所の住宅街だった。

就業時刻は午後六時まで。出社していた頃と変わらない時間だが、結局は終業間際に提出されたあれこれに目を通しているとすぐには終われない日も多い。

その日、家を出たときに空はもう暗くなりかけていたという。

道を歩いている人はほとんどいなかった。

（もう少し明るいときならなあ）

だが、夏至をすぎればこれから先は日が短くなるばかりだ。

寄ろうと思ったコンビニへの近道になるだろうかと、更に知らない角をひとつ曲がった。

（さっきまでとはずいぶん雰囲気が違うな）

その路地だけ、空気が澱んでいるようだったという。

建っている家がどれも古い。

その中で、右手側にある一軒の家が目に入った。今は誰も住んでないのだろうその家の玄関はぴっちりと閉められ、窓には、「売出中」の錆ついた看板がかかっている。

手入れされていない庭が手前に晒されていた。柵のようなものはない。

庭といっても、雑草の他は葉のほとんどない木が一本立っているだけだ。幹の表面には白っぽいカビのようなものが張り付いており、枝に見過ごせないものがかかっている。

縄だった。汚れた縄が太い枝に結ばれており、ちょうど香田さんの頭と同じくらいの高さに、輪を作っていた。

（……くびつり）

そんな言葉が誰かに吹き込まれたように頭に浮かんだ。

周りには誰もいない。

住宅街の道の一角、どこからでも見える庭先にそんな縄があるのは、あまりに不吉だ。もちろん、もしこれが使った後のものならば、こうやって残るはずはない。使う前のものをここに結んだのならば、その人はどこへ行ったのか。売り出し中といっても、こんな状態で家が売れるはずがない。


すべての「なぜ」は自分に関係のないことなのに、頭がいっぱいになってしまったのだそうだ。半分パニックのような中で、香田さんは数歩近づいて輪の中を覗き込んだ。なぜそんなことをしてしまったのかは、香田さん自身も説明ができないという。

ただ、輪の中を覗き込んだ瞬間、そこに顔があった。

「近いのでは洗面所の鏡ですよ。あんな感じに、顔が見えて」

目が合った。

中に見えたのは痩せた若い男の顔だった。

木と同じように白っぽく水気がなく、そして「死んでいる」顔だ。

それなのに妙に幸せそうな、安心したような表情をしているのが異質だった。

できるなら悲鳴をあげて走って逃げたかった。

だがうまく体は動かず、もつれそうになる足でゆっくり、一歩ずつ下がる。

――カラ、ぴしゃん。

他の音がしたのはそのときだった。それが合図になったように、香田さんは元の道に向かって足をもつれさせながら走った。

「それがね、玄関の引き戸の音だったと思うんです。でも最初は開いてなかった。扉だけの問題じゃないでしょう。誰かそこにいたのかというほうが、怖くて」

結局、目的だったコンビニにもよらずその日は帰ってきた。部屋に戻ると、ひどく震えた体で玄関にへたりこんだという。


件の家は、香田さんのマンションから徒歩十分程度の住宅街にある。あるはずなのだが、スマホで地図アプリを確認した限りでは、そんな道は書かれていないという。

それ以降、散歩のルートは違う方面にし、そちらには行かないようにしている。

確かめに行ったりはしない、と香田さんは決めている。

なぜ、あの時縄に近づいて覗き込もうとしたのか、わからないからだ。

「罠みたいで」

もう一度たどり着けても、着けなくてもいやだという。

遠くの生き霊

その頃、尚紀さんはひどく疲れていたのだという。一日や二日の話ではない。上京して半年。会社にも、はじめてのひとり暮らしにも、ようやく慣れてきたかという時期だった。

彼は二年の間、専門学校で３Ｄグラフィックの勉強をし、運良くそれを活かせる会社に入れたが、そこで実感したことがある。

（やっぱり、プロは違う）

それは自分への失望よりもやる気の源になっていた。

先輩に追いつくためにも本当は家に帰ってから勉強したいと思う日々。なのに、ある時期からひどく疲れを感じるようになった。

家に帰ると倒れこむように一日を早く終えてしまう。自分でももどかしく、不甲斐なく感じる日が続いた。

眠っても疲れが取れない。病気だろうかとも思ったが、「ただ疲れるだけ」という現状に対して何科を受診していいのかさえわからなかった。そして、それを考えることもだんだんと億劫《おっくう》になっていった。


その日も尚紀さんは体を引きずるようにして帰ってくると、すぐ布団に入った。

布団の中で、故郷の人たちを思い出す。実家の家族に友達、そして上京が原因となって別れた恋人、えみさんのこと。

(そういえば、どうしてるかなあ)

上京してからあまり思い出さなかった自分は薄情だろうか。

そんなことを考えながら瞼を閉じると、そのまま眠ってしまった。

深夜、スマホが震えた。故郷の男友達、洋くんからのラインだった。

『久しぶり。元気でやってるか?』

「おう、そっちは?」

そんなやりとりのあと、洋くんは電話がしたいという。

(メッセージじゃだめかな)

夜中でもあるし、電話で話すような用件に心当たりがない。友人からの久々の連絡が嬉しい一方で、その日も疲れはひどく、長くなるのは嫌だった。

だがあまりに洋くんが食い下がるので、仕方なく通話に応じたそうだ。

「よかった、元気か?」

「元気だって言ってたんだろ、どうしたんだよ」

「あー、よかった……」

洋くんは、ひどく安心したような声を出し、息を吐いた。

さすがに理由が気になった尚紀さんに洋くんが教えてくれたのは、次のような話だった。


尚紀さんの故郷の町では、洋くんやえみさんを含め、小学校から中学校までほとんど変わらぬメンツで遊んでいた。地元に残っている面々は今でも頻繁に会って飲む。地域でのつながりは強い。

だがその輪の中で、えみさんはあまり評判がよくなかった。最近に限った話ではなく昔からのことだ。尚紀さんもそれは知っている。

えみさんは思い込みが強く、気性が激しい。独占欲も強い。

だが、彼はそういうところを「愛されてるなあ」と思っていた。頻繁な連絡の催促も、元来マメな性格もあって特に困りはしなかった。

別れを申し出るとこじれるかとも懸念したが、そのときのえみさんの態度はひどくあっさりしたものだったという。


そのえみさんの元に、幽霊が出るというのだ。

それも、尚紀さんの。

「はあ？」

思わず聞き返してしまった。

「俺、生きてんだけど」

「だよなあ。だからなんかあったのかもって気になって連絡したんだよ」

よかった、よかった、という洋くんの声を携帯で聞いているうちに、尚紀さんは腹がたってきたそうだ。突然そんなことを言われて、ここで切られでもすれば、あちらはすっきりしようとこちらには不可解な靄が残る。

問い詰めると、洋くんは「尚紀さんの幽霊」について詳しく教えてくれた。

「寝ていて、目が覚めると金縛りにあって身体が動かなかった。足元に誰かが立っていた。真っ青な尚紀くんだった。怖かったけど、少しすると消えた」

えみさんがそんな話をしだしたのは、一カ月ほど前のことだという。

最初、周りはあまり真剣に相手にしなかったそうだ。

「またか」

そんな空気があった。えみさんが幽霊を見たというのははじめてではない。えみさんは昔から、霊感があると本人も言っていたからだ。

だが、「深夜に尚紀くんを家の廊下で見た」とえみさんのお姉さんが言い、続いてえみさんが友達と撮った写真に彼らしき人影が映ったことから、話は少しずつ真実味を帯びていった。

そして、尚紀さんへの電話があるつい数時間前のことだ。

彼らは親の代からやっているいつもの居酒屋で集まって飲み会をしていた。

見知った顔の女将《おかみ》さんがビールを持ってきてくれる。

そのグラスの数は、ひとつ多かった。

不思議そうな視線の中で、彼女は言った。

「あれ？　今、尚紀くんいなかった？」

——てっきり、こっちに帰ってきてるのかと思ったんだけど。

女将さんの言葉に洋くんの背筋をぞわりと寒気が這う。そのとき、ちらりとえみさんを見てしまった。角の席に座ったえみさんは貼り付けたような無表情だったという。

女将さんは見間違いだったかもしれないと笑ったが、その顔は明らかに動揺していた。


女性たちを家まで送り届ける車の中で、「もしかしたら尚紀くんに何かあったのでは」という話になった。

もちろん、死んではいないはずだ。それならば連絡が来るだろう。

だが——「何か」はあったのではないか？

そんな中、えみさんだけは違う主張をしたのだという。

のだそうだ。

「大丈夫よ。あれは、生き霊なの」

なんでそんなことがわかるんだろう、と洋くんは思い、結局確認のために電話してきた

これらはすべて、尚紀さんの知らないうちに故郷で起こったことだ。

正直なところ、困惑した。

同時に、その生き霊疑惑に「自分がえみさんのところに帰りたがっている」というニュアンスが含まれているのを感じた。

「全然そんなことねぇよ」

心配してくれた洋くんに八つ当たりしても仕方ないのはわかっていたが、気分がよくないのも確かで、多少不機嫌なまま電話を切った。

尚紀さんは、えみさんの〈霊感〉を知ってはいた。が、信じていたわけではない。それでも、彼女の発言におかしな符合があることは付き合っていた頃からたまにあり、恋人とはいえどこか気味悪く思ってもいた。

そのときも、えみさんが尚紀さんの幽霊の話をしはじめた時期というのは、自分の疲れ

がひどくなりはじめた時期と被っている。

改めてえみさんと縁を切ろうと決心した尚紀さんはすぐに行動に移した。

「もらったものとか、できるだけ捨てましたね」

お守りに、一緒に撮った写真。選んでもらった服。

もう彼女とは関係ない。すべてを終わらせている。そう思いたかったそうだ。

「けど、それだけじゃ全然だめで」

洋くんからの電話で話を聞いてしまったせいか、故郷の夢を見るようになった。

その夢の中でえみさんは決まって尚紀さんを見ていた。他の人は自分に気づかないようなのに。

まるで蔑《さげす》むように。哀れむように。

なんで、そんな——

(未練たらしい幽霊を見るみたいに?)

結局、疲労も悪夢も尚紀さんの努力では何も改善されずに数ヶ月が過ぎた。

だが終わりは唐突に訪れた。

ある朝、非常にすっきりと目が覚めたのだという。外は雨が降っていてとても快適とはいえない土曜日の朝だった。

それから後は、故郷の夢もほとんど見ない。疲れも前と同じに戻った。

その時期は、洋くんがえみさんと付き合いはじめた時期とちょうど合うのだということを尚紀さんは後で知った。

「それを聞くと、あいつの……えみの問題じゃないのかなと思うんですけど」

霊感があると、呼べるんですかね？

そう聞かれたが、私にはもちろんわからなかった。

センター

「うちのおばあちゃん覚えてる?」

痩せた鳥のようなおばあさんだったと敦也さんは記憶している。そして、髪は真っ白だったけれどいつもきれいに化粧をしていた気がする。怖かっただろうか。怒られたという覚えはない。

とは言え、記憶は二十年以上も前。小学校の同級生であった希美さんのおばあさんをそこまでよく覚えているはずもない。

だが、そのイメージの中でも既に「おばあさん」だったので、老人ホームに入っていたが亡くなった、と聞いてもさして驚かなかった。

希美さんと会うこと自体も、数年ぶりだった。

「たまには正月に帰ってきたら」という母親の言葉と、毎年の不義理への罪悪感に後押しされ、生まれ育った山沿いの町に久しぶりに帰省したのだ。

小さな町である。そこで仕事はじめまで上げ膳据え膳の中、暇をしていたが、帰省の噂が希美さんにまで届いたようだった。


駅前の喫茶店で会う約束をした。希美さんは前に見たときのイメージとあまり変わらない。コーヒーを頼み、ぎこちなくお互いの近況の報告を終え、冒頭のおばあさんを覚えているかを確認したあと、希美さんが意を決したように〈本題〉の話をはじめた。

「変なこと聞くんだけど」

「なに?」

「……写真の真ん中に写るのはダメ、とか聞いたことある?」

希美さんの言葉に、敦也さんは戸惑いながら頷いた。

聞いたことがあるかと言われたらあるのだが、敦也さんの中では迷信のひとつとして聞いたことがあるだけだ。

「敦也くんはそういうの詳しかったでしょ」

「小学生の頃とかは好きだったかもなあ」

「真ん中に写るとどうなるの？」

「え、よく知らないけど……」

早く死ぬっていうよね、と言うと彼女の顔が曇った。

沈黙が流れた。最初に多少の近況を話したきり、あとは彼女のおばあさんが亡くなった話と写真にまつわる迷信の話だ。彼女が話したい内容がなんなのか、敦也さんにはわからなかった。

「何か、あったの？」

別に解決できるというわけではないが、黙ったまま飲んでいたコーヒーもそろそろなくなりかけていたし、普段町にいない人間に話したいことでもあるのではないか。

そう思って敦也さんが促すと、彼女は暗い表情のまま話し出した。

彼女のおばあさん、ヨシ子さんが米寿を迎えたとき、親戚でお祝いの食事会を開いた。

当時ヨシ子さんは認知症が進んでおり、老人ホームに入ることも決まっていた時期だったという。

親戚に会うのが好きで、お洒落も好き。そんなヨシ子さんのための食事会は終始和やかに進んだ。そして、最後にみんなで写真を撮った。

当日はみんな嬉しそうで、よかった、と希美さんも思っていたそうだ。

だが後日、誕生日会の記念写真を見るとヨシ子さんの態度はがらりと変わった。

「なんで、私が写真の真ん中なの」

「真ん中だなんて縁起が悪い」

さらには、

「早く死ねばいいと思っていたんでしょう」

そう言って、ご飯の途中でも希美さんの両親に強い怒りをぶつけた。

主役を真ん中にしただけで誰にも悪気はなく、前後二列になったときに前の列が奇数になったのは偶然だ。

もともとは難癖をつけたりする人ではなかったのだが、最近はそうなってしまうと周りが見えなくなったかのように他の人の話を受け付けなくなってしまう。両親が何度説明して謝っても、態度は変わらなかったそうだ。

〈病気がそうさせているのだ〉と頭ではわかっていても、せっかくのお祝いがそんな結果になってしまい、やるせない気持ちになった。

そのぎすぎすを解消できないまま、ヨシ子さんは老人ホームに入り、数週間で亡くなってしまった。さすがに年齢が九十近くでもあり、いくつか慢性の病気はあったのだが、命に関わるようなものではなかったはずだ。

結局、ヨシ子さんは死ぬ直前まで写真のことをひどく恨んでいたという。


思いも寄らなかった話をひととおり聞いたあと、敦也さんはぽつりと言った。

「でも、それはさすがに迷信じゃねえの」

敦也さんは、先程自分も口にしたような俗信を知ってはいたが、信じているわけではなかった。

スマホで気軽に写真を取るようになった今、そんなことを気にしている人は少ない。敦也さん本人も、出かければ友人と写真も撮るが、奇数か偶数か、誰が真ん中かなど考えてはいない。

「私だって、そう思う、けど」

最初は、葬儀の写真だったという。

その地域では葬儀を行ったあと、親族で集合写真を撮る習慣がある。

「あんなことがあったんだし、やめたほうが」

お母さんはそう言ったものの、ヨシ子さんの葬儀だけその習慣をやめるには、急な不幸でもあり、話し合う時間が短かった。結局、流れるように写真を撮った。

その写真に、ヨシ子さんらしき人影が写っていた。はっきりとではなく、顔は隠れているが、女性であることはわかる。また、その日いた人ではない。

いた場所は、前例の端。それによって前例の人数は奇数になり、遺影を持ったお父さんが真ん中になった。元々は仲の良い嫁姑だったお母さんは涙をこぼしたという。希美さんは妹とどこかやりきれない気持ちでそれを見ていた。


かといって、お父さんが病気になったり、急死したり、ということはない。ただ写真に写っただけだ。

だが、それ以降も希美さんや、歳の離れた妹の写真の端にも、たまにヨシ子さんらしき人影が写るのだという。まるで、人数を奇数にして、家族を真ん中にするように。

ずっと優しいおばあちゃんで、二人をかわいがってくれていたのに。

そう思うと悲しかった。

特に、アイドルになりたいと言っていた妹は「それならそれで話題になるよ」と最初は強がっていたものの、写真を撮られることが徐々に嫌いになり、最後には諦めてしまった。

両親も写真には写りたがらない。

「ごめんね、誰かに聞いてもらいたかったのかも」

希美さんは最後にぽつりとそう言ったそうだ。

歯

直美さんの息子、はるとくんがまだ幼稚園の頃。

「ふぇっくしゅ！」

かわいらしいが、派手なくしゃみだった。今日は肌寒かったので、風邪でもひいたのかも知れない。鼻水も床に飛び散っている。

「ちゃんと手で押さえないと」

そう、はるとくんに小言を言おうとしたときだ。

何か固形のものが転がっているのを直美さんは見つけた。それは人の歯のようだった。

はるとくんはまだ五歳。歯の生えかわりがいつ頃から起こるのかを直美さんは詳しく知らなかったし、自分が幼いときにはいつから始まったのかを覚えてもいない。

ただ、ママ友からそういった話を聞いたこともまだなかった。

（うちの子は生えかわりが早いのかな）

はるとくんの顔を拭いてから、「あーん」と口を開けさせる。

あまりよく見えないが、どの歯も揃っているように見えた。

床に落ちていた歯をもう一度確認すると、多少黄みがかった前歯のようだ。それも、歪《いびつ》にすり減ってはいないだろうか。

はるとくんを洗面所に連れていき、口の中をもう一度よく見たがやはり歯は揃っている。

「痛いところはない？」

「ないよー」

さっき口の中にごろごろがあった、とだけはるとくんは言った。

このとき直美さんの頭をよぎったのは、「なんらか落ちていた歯を口に入れた可能性」であった。なんらか落ちていた前歯というのもあまりないだろうが、そんな不衛生なものを口に入れてしまうとしたら問題だ。

だが「なんでも拾って口に入れてしまう」子供かというと、はるとくんはこれまでそうではなかった。

それに、くしゃみの少し前におやつを食べている。そのときは何ごともなくおやつを食べ、そのまま居間で遊んでいたはずだ。

歯医者にも念のため行ってみたが、「きれいに乳歯が揃っている」という診断で、なんの問題もなかった。


似たことがもう一度あった。

前回から二年たったある日、そのときはるとくんが口の中の違和感の原因をすぐに見せてくれたそうだ。

気持ちが悪いのでその〈現物〉をあまり見たくなかった直美さんに変わって、そのとき家にいた旦那さんが確認した。

「これまではるとには、ひどい虫歯とかなかったよな？」

黄ばんだ歯には銀の詰め物がされていた。


神社にお祓いに行ったのがよかったのか、そうでなかったのかはわからない。翌年、はるとくんの乳歯が実際に抜けて生えかわりはじめてからは、一度もないという。

こういちさんを呼ぶ声

「こうぃちさァん」

秋田さんがその声をはじめて聞いたのは小学校の高学年の頃。ひとり、自宅で留守番していたときのことだ。

かりかりと塾の宿題を進めている最中、自分以外は誰もいない家の中で、知らない男の声がした。

怖かったので返事はしなかった。鉛筆の音が止まった部屋は静まりかえった。

それ以来、彼は「こういちさん」を呼ぶ声を何度か聞いた。

秋田さんの名はそれに間違えられるような字や響きではない。家族の名前も違う。

また、家族は「そんな声は聞いたことがない」という。

いつも男性の声だった。

怒りや咎《とが》める意図はない。ニヤニヤと媚《こ》びるような、間延びした呼びかけで、「怖いより逆にムカつく」という。

はじめて聞いたときから二十年、その声が聞こえることに慣れてもきていた。

かといって、秋田さんはあらゆる実験をしなかった。

返事もしたことがない。自分は「こういち」ではないのだから。

「こういち」という人を家に連れてきたこともない。偶然、友達にもいなかったのは幸いだった。

無視である。

本人曰くそれは「最大の抵抗」でもあったという。

ただ、その声はもう聞こえない。

自宅のネット回線の工事の途中だった。ひとりが屋外で作業をし、もうひとりは部屋に残っている。何か聞かれたときのために秋田さんはその場に残っていた。

そのとき、何度も聞いたあの声がした。

「こういちさァん」

またか、と思う。どうせ自分にしか聞こえていないのだから、と無視しようとした瞬間。

「はい？」

その工事の人が振り返った。

「……あれ、今呼びませんでした？」

「よ、呼んでないです」

「すみません、聞き違えたみたいで」

そうですよね、変だなあ、と彼が作業に戻る中、秋田さんは血の気が引くような感覚の中にいた。

工事は順調に終わり、二人が帰るのを見送るときだった。

真っ黒い影が彼らの後ろを付いていくのが見えた。

おそらく〈彼ら〉ではなく〈彼〉なのだろう。最初に渡された「遠藤耕一」という名の書かれた名刺を見たが、秋田さんにできることはなかったという。

あなたからの電話

草間さんが四年前に入院したときのこと。

「偶然個室しか開いていなかったので」

彼はひとり、ベッドの上でぼんやりしていた。自覚症状はあまりないが病院内を動き回る気にもなれない。夕方四時頃はいつも暇で、何を見るでもなくスマホをいじっていた。

そのとき、ドアをノックする音がした。

（……閉じてたっけ？）

昼間はいつも開けっ放しにしていたような気がする。わざわざ閉じた記憶もないけれど、と思う間に横に引かれてドアが開いた。

そこに立っていたのは見知らぬ女性だった。

黒地にたくさんの白いフリルがついた服を着て、揃いのヘッドドレスを着けている。

草間さんの頭にはゴスロリ、という言葉とコスプレ、という言葉が浮かんだそうだ。まだ新しい病院のシンプルな白い廊下の壁と彼女のミスマッチは強烈で、まるで現実の背景にそのままアニメキャラを立たせたようだった。

部屋を間違えたのだろうか。それなら顔を見ればわかるはずだが、彼女ははっきりと草間さんを見て喋りはじめた。

「あなたから電話があったんですけど」

「え」

「昨日の夜あなたから電話があったんですけど用事がわからなくてそれなのに何度もかけてくるから先生に相談したら本人に聞いたほうがいいって言われたんですだからここまで来たんですなんの電話だったんですか」

まるで原稿を読み上げるように彼女は言った。早口ではないのに、継ぎ目を感じさせない独特の話し方だった。

彼女にだって本来苛立ちや困惑があるだろう内容に反して、感情のない声。病院だからといって声を潜める様子もない。

「誰ですか」、「人違いでしょう」、「電話番号なんて知らない」など、草間さんが言いたいことは山ほどあるはずなのに、それを口にする前に一点だけ別のことに思い当たった。

『昨日の夜電話があって』――そう、自分は昨夜、確かに電話をした。深夜、目を覚ましたときに知らない電話番号が通話履歴にあった。友人の大宅《おおや》の身に何かあったのかと思い、慌てて寝起きでその番号にリダイヤルしたのだ。けれどうまくつながらず、結局数度電話をして諦めた。

一方、彼女は彼女の目的をまだ単調に聞いてくる。

「用事はなんだったんですか」

「え、ええと」

「思い出してください」

こちらからの用事はない。かけ直しただけなのだ。それも、彼女にではない。だがそれをうまく説明できない。

「次会うまでに、思い出しておいてください」

台本のとおりにやっているだけとでもいうように彼女は返事も待たずに姿を翻《ひるがえ》した。すべての行動が唐突だった。

ほんの少しの間、草間さんは呆然としていたという。何もかもがおかしい数分間だった。

「草間さーん」

そのとき開けっ放しのドアの外から、ぱたぱたぱたという小さな音とともに看護師さんがやってきた。それと同時に、病院の様々な雑音がまとめて再生されなおしたかのように耳に入った。ほっとすると同時に、今まですべての音が消えていたのだと気づいた。そもそも、あんな大声で、かつ特徴的なしゃべり方で話していたら、誰か様子を見に来ていただろう。


朝に提出した書類の控えを返してくれたのだという看護師さんが去っていくときにもうひとつ気づいた。看護師さん用の足音がしにくい靴でも多少の音がするのに、彼女はまったく足音がしなかった。

そしてさっき見たばかりの彼女の顔を、まったく覚えていない。洋服だけを覚えている。

スマホの履歴を確認した。

草間さんの携帯には、草間さんから「クラタ」という人に昨夜（実際にはその日の午前二時四十一分）に自分から三回電話をかけている。登録した覚えはないが、その名前で登録されていた。

自分からかけた履歴になっていたが、覚えている限り最初はあちらから電話があって折り返したはずだ。なのに、そちらの履歴はまったく見当たらなかった。

（これじゃあ、彼女が言ったように「俺から用事があったから電話した」みたいだ）

彼女の言葉のほうが正しいようなログになっている。

クラタという名前に心当たりはない。名前どころか、彼女の姿を見てもまったく知らない人だと言い切れる。

そして、なぜ昨日は知らない番号を見て大宅のことと思ったのか。大宅の番号は別に登録されている。もう二年くらいは会っていないし、入院したことも言っていない。

そして病室に来たあの女性は、電話をかけた自分がここにいることをどうやって知ったのか。

「でも、まあそれだけっちゃあそれだけの話です」

入院中、それ以降おかしなことはなかったと草間さんは言う。

悪い夢のような数分間。草間さんはそれを悪い夢だったと思うことにした。

携帯のクラタの番号登録はそのままにしてあるという。もしもう一度かかってきたときにわかったほうがよいからだそうだ。

もちろん自分からかけるつもりはない。

ひとつだけ草間さんが怖いと思うことがある。

「次会うまでに、思い出しておいてください」と彼女は言った。

したおぼえはないが、約束を「思い出した」らまた彼女が来るのではないだろうかと思ってしまうそうだ。

ろふとにだれかいる

ひとり暮らしの部屋を選ぶとき、ロフトが極端に好きな人がいる。私もそのひとりだ。子供の頃、秘密基地めいた場所に憧れたせいもあるだろう。

智也さんも同じく、ロフトが好きだった。ただし、ある事件が起きるまでの話である。

上京した智也さんが最初のひとり暮らしに選んだ部屋は、東京ではありがちな〈敷地面積が小さい代わりにロフトがついている〉部屋だった。そのときにロフトを気に入り、就職先が決まって引っ越すときにもロフトつきの物件を選んだ。

が、引っ越したあと、どうも気持ちが落ち着かない。部屋に文句はなく、これまでと家具もほとんど変わらないのに、どうにも居心地が悪い。「引っ越したばかりだから」「会社も入ったばかりだから」と考えて気にしないようにしていた。

そんな中、智也さんは、ネットで見たビジネス書を読んでみたという。そこに書かれていたのが、「ノートに手書きで日記を書く」という行為だ。日記など小学校の夏休み以来書いたことがなかったものの、それで得られるというまるで薬の効能のような内容に惹かれて書いてみることにした。

「気のせいかもしれないですけど」

と前置きして彼が言うには、さすがに本に書かれていたほどではないが、確かに毎日が少し整理される実感はあったそうだ。

日記を続けて二週間。書くのは眠る前、パソコンを閉じた後と決めていた。その日は土曜日で、サブスクの映画を見ていたら午前二時をまわっていた。

（夜更かししたな）

日記を書いて寝よう、とノートを開いたとき、数日前のページが見えた。どこか気恥ずかしさがあってこれまで書いたものを見返したことはなかったが、たまにはいいだろうと思った。

ページをめくると、昨日書いた会社の仕事の進捗《しんちょく》がまず目に入る。次に失敗したこと。

そしてビジネス書でルーチンとされている、その日のよかったこと。

しかし、そのあとに見知らぬ一文が足されていた。

「ろふとにだれかいる」

ひらがなで、改行もせずに書かれていた。使われているボールペンは智也さんのものと同じようだが、明らかに自分の字ではない。ずいぶん丸っこい字だが、震えているせいか歪だ。

けれど、ひとり暮らしで、今日は休日。ずっと家にいたのだ。

ゆっくりとノートを閉じた。背後、自分を見下ろすロフトが途端に存在感を増した気がした。おそるおそる振り返る。

——何もない。

仕事や遊びは階下ですると決め、ロフトは寝るためだけのスペースにしている。だから下から見上げたロフトはいつも暗い。暗いが、いつものとおりだ。なんの影もない。誰もいない。

（じゃあ、さっきの文はなんなんだ）

もう一度、ノートを開く。さすがに、先ほどの文が見間違いだったということはないだろう。ないけれど、そうだったらと思う気持ちはあった。先ほどのページを見直す。

「ろふとにだれかいるよ」

文字が付け足されていた。

もう一度ロフトを見上げたとき、先ほどまではなかったものがそこにあった。大きな顔である。輪郭は周囲に溶けるように定かではなく、後ろに置かれたものは透けていたが、下から見上げたロフト一面にこちらを見下ろす女性の顔が広がっていた。

智也さんは、財布やスマートフォンなど最低限のものを持って外に出た。外に出るまでは物音を立てず、足音も潜ませていたが、玄関を開けた瞬間、走って駅まで向かった。走り慣れない足はもつれ、こんな夜中だというのにすれ違った人は怯えたように見てきたけれど、それどころではなかった。

その日は駅のそばのファミレスで過ごしたそうだ。

余計に落ち着いて暮らせなくなった彼は、結局そのあとで再度引っ越している。

「続けて引っ越しなんて、本当にあのときは金銭的にも参りましたよ」

不動産屋に掛け合うことも考えたが、ノートの文字は消えていて、証拠もない。できるだけ縁を引っ張りたくなかった彼は泣き寝入りを決めた。引っ越すまでの間は、ロフトが見えないキッチンの廊下で寝ていたそうだ。

階下の彼に「ロフトに『だれか』がいる」と示した〈何か〉とロフトにいたものの関係はわからない。

野中さんの椅子

浅木くんが一時期勤めていた会社は、社長のこだわりで全社員が有名なオフィスチェアメーカーの椅子を使っていた。ただし全員が同じものではなく、やたらと細かく役職と椅子のグレードが紐付けられていたそうだ。えらい人はいい椅子に、という格付けである。

「でも特に差別とは思わなかったです。ヒラでもいい椅子なんで」

だが、年に数回の座席移動は面倒だった。

ブラック会社に片足を踏み入れたような会社は入社も辞職も多い。大きな座席移動の際にはその椅子の整理もまとめて行われるのが常だ。そういった雑務に必ずかり出される社内インフラ整備を担当する部署であった浅木くんは、座席移動のたびに「またか」という気持ちになったという。

その会社の椅子に、「野中さんの椅子」と呼ばれているものがあった。「リーダー」と呼ばれる人たちが使うクラスの椅子だ。

浅木くんは「野中さん」を知らない。浅木くんが入社する随分前に辞めた男性社員だと聞いている。

その説明をしてくれた先輩も、入社は浅木くんと半年程度しか違わないのでそれ以上は知らないと聞いた。

野中さんの椅子にはシールが貼られていた。禍々しい御札などではない。誰でも知っているロボットアニメに出てくる美少女だ。

「会社のものに私物のシールを貼る」などというのは、この会社では社長の怒りを買う。しかも椅子だ。時と場合と相手によるものの、機嫌が悪いときには「怒鳴る相手を探して歩いている」と言われるような社長がいる会社で、シールなど貼っている社員はいない。

しかしその椅子は倉庫にしまわれたままなので、社長に見つかっていないんだなと浅木くんは思っていた。

が、「余っていたら使わなくてもいい」だけだ。

会社の備品である以上、何回かの席替えの末、とうとうその椅子を出さなければいけない状況になった。

それは新入社員を迎えた春のこと。大きなプロジェクトに向けてアルバイトも増え、大規模な席替えが行われた。

席替えは業務時間終了後、午後七時から。もちろん残業は覚悟していたものの、各自が椅子の移動をしたあとに新入社員分の椅子や機材を揃える浅木くんの部署は途中から終電を考えはじめていた。

「椅子が足りない」

そう言い出したのは浅木くんが懇意にしていた人事部の先輩だったそうだ。最終的には、野中さんの椅子に白羽の矢が立てられた。

足りないのは人事部の新人用のものなのだが、人事部などという社長がよく足を運ぶところの新入りに少し上の椅子を使わせるわけにはいかない。

面倒ではあったが、それよりはアルバイトをまとめる役をやっていた男性の席にそれを置き、そこにあった椅子を新人の席に移動することにした。こういうことをしないほうが余計に社長が面倒なのだという共通認識があった。

「持ってきますね」

そう言って、倉庫に向かう。

気がつくと、既に社内に残る人はまばらだった。ちらほらとはいるのだけれど、パーテーションで全員は見えないせいもあったかもしれない。

昼間でさえ人気の少ない倉庫はもっと静かで、席替えが始まったときの喧騒が嘘のようだった。

倉庫の奥に置かれていた野中さんの椅子を引いて扉を閉めると、「はあ」という詰めた息を吐くような声が聞こえた。慌てて周りを見たが、誰もいない。女の人だと思ったという。

疲れているのだろうと思った。実際疲れていた。

椅子を予定の席に持っていくと、その日は解散した。

「野中さんの椅子」の威力は覿面《てきめん》だったという。悪いことに覿面というのもどうかとは思うが、椅子を変えてから、それに座った彼がやつれてふっつり来なくなるまで四週間。

それと並行して、社内では女性の幽霊を見たという話が出た。

徹夜する社員も多い会社とはいえ、

「夜中に女性が野中さんの椅子に座っている」

という話がその時期から頻発した。

昼間の社内では見たことがない女性だという。彼女は座っているだけだが、ひどく不気味な姿なのだと目撃した人は口を揃えた。

「頭と目が大きいんですよ」

新しいタイプのプリクラやスマホのカメラの加工機能は、目などのパーツを大きく加工してくれるが、時に不気味にも見える。その見え方をもっと極端にしたような感じだという話だった。

茶髪で、まるでデフォルメされたような姿。

(それは不気味だろうな)

そうは思ったものの、いつも働いている場所にそんなものがいるという話は、浅木くんにはいまいち実感が湧かなかった。

そのうち、別の問題が発生した。

例の女性の幽霊が別の場所に座っていたというのだ。彼女の同じチームの社員が調べてみると、その椅子は野中さんの椅子だった。公式に椅子の移動を聞いた人はいない。誰かが勝手に変えたのだ。それも、場合によっては悪意を持って。

誰がそんなことをしたのかはわからないが、椅子を変えられた女性は――幽霊よりも同僚の誰かにおかしな嫌がらせをされたことにかもしれないが、顔色を変えた。ひどくショックなのが見て取れて、椅子の確認をさせられた浅木くんは更なるトラブルを予見した。

そして、嬉しくない予測は的中する。

社長が激怒したのだ。どこから知ったのかはわからないが、彼女は社長のお気に入りであったし、そこまで大きくない社内ではどんな噂もすぐ広まるので不思議ではない。

「仕事に集中していないからだ」

朝礼で一時間以上怒鳴り散らすのを、社員は仕事の進捗を気にしながら聞くことになり、浅木くんは中学時代の全校朝礼を思い出していた。

その日の昼食、浅木くんと上司は他のチームの上司に誘われたそうだ。

「……あの椅子、出してるんだって？」

古参の部長は海鮮丼をつつきながらそう言った。

「だめって言われたでしょうに」

「すみません、数が足りなくて」

「そっか、でもあの人が辞めたんだから、もう足りてるんじゃないの」

確かにそうだ。だが、浅木くんたちにも言いにくい理由があった。

椅子をしまうとしたら、倉庫。そこは浅木くんたちがよくひとりで行く薄暗い場所である。元々その椅子は倉庫に置かれていたのだから前と同じに戻るだけだが、数ヶ月前とは彼らにとってもその椅子があるという意味は変わっていた。

「しまっておいてね。野中さんなんて、死んじゃったんだから」

部長は最後に念を押すようにそう言って席を立った。


仕方なく、椅子を再度倉庫にしまった。

浅木くんのチームは四人。バイトの後輩もいるが、もうこの話は全員知っている。そして、誰ひとり「そんなの関係ない」というタイプの人間はいなかったし、後輩だからといって全部押しつけるのも気が引けた。

「何もなかったことにしよう」

上司が言った。これまでも倉庫にしまわれていたのだし、その間は何もなかった。その成果を元に、誰かに押しつけることなく、倉庫には行こう、と。ただし、多少時間がある人がいればひとりでできる仕事でも複数人で行ってもよい、というのが上司の方針だった。積極的に上司自身も、これまでどおり倉庫の仕事もやることで、浅木くんのチームは少しずつ平静を取り戻しつつあった。

同時に、油断も生まれた。


その夜、浅木くんは翌日新しく入社する人の席のセッティングをしていた。他のメンバーも手伝いを申し出てくれたが、複数人でやるような仕事ではない。就業時間自体は終わっているし、先に帰ってもらって大丈夫だ、と言ったのは浅木くんのほうである。

パソコンの設定も無事完了。台車を倉庫まで押していく。

鍵を開け、倉庫に入る。

手を離した途端、ぱたん、と小さな音と共に扉が閉まった。部屋が真っ暗になってはじめて、あ、そういえば倉庫だ、とあの椅子のことを久しぶりに思い出した。できるだけ棚を大きく取った関係で、倉庫の電気のスイッチは棚の隙間に手を入れるような形になっている。それを、慌ててつけようとするが、

——ぱちん。

音がするだけで、電気はつかない。

こんなときに停電か、と思う一方で、空調の音はブゥーンとなり続けている。停電ではない。

パニックになりかけた浅木くんが、何度かカチカチとスイッチを押すと、何度目かで、ぱっと明かりがついた。

(……接触か)

ほっとした瞬間、蛍光灯は倉庫の奥の椅子に座ってこちらを見ていた人を照らした。

彼女は、浅木くんの真正面にいた。

プリクラやスマホで無理に加工されたような大きな目。そんなものではない、目は歪んだ円形で、片方だけで顔の三分の一ほどを埋めている。ショートカットの茶髪、けれどその頭の大きさが異常に大きい。倉庫の通路を埋めてしまいそうに。それは、ごくごく普通

のサイズの身体の上で、不安定にぐらぐらと揺れていた。

それとの距離は、四メートルほど。

浅木くんは、悲鳴をあげて座り込んだ。生まれてはじめて悲鳴をあげて、現実では悲鳴は映画のようにきれいには上がらないことを知った。

目を離したい。が、目を離したら殺されるのではないか。

わんわんわん、と耳鳴りがひどい。

そのとき、バタン！　という音と共に何人かの社員がやってきた。声を聞きつけてきてくれたのだという。

そのときにはもう、彼女はいなかった。

いちばん奥にしまったはずの野中さんの椅子が、ひとつだけ前に出され、こちらを向いているだけだった。


そのこともまた、すぐ噂になってしまった。

「というわけで、辞めたんです」

「なるほど、倉庫に行かないわけにはいかないですものね」

「それもあるんですけど」

その事件の翌日は休んだ。

そして次の日、出社した彼を待っていたのは五時間に及ぶ社長の説教、つまりパワハラ、言うなれば言い返すことを許されない言葉の暴力だった。

同じチームで仲が良くとも、助けに来られないのはわかる。けれど、会社が結局社長のものだということが、ひどく馬鹿らしく思えてしまったのだという。

「ところで、その女性が野中さん……なんですかね？」

「それは、違うんじゃないかと思います。野中さんは男性と聞いていますし、多分……その人も嫌がらせでその椅子を使わされたのかなって」

男の幽霊は誰も見ていない。ただ、椅子を識別するものを椅子に貼ったのが野中さんなので、そのシールが剥がされないまま野中さんの椅子と呼ばれているだけだろうと浅木くんは続けた。

そして、椅子の女性の真相は結局わからない。

浅木くんは、現在新たな会社で働いている。

「他の会社に行ってわかりましたよ、嫌がらせ、数時間のパワハラ、いなくなっちゃう社員や体調崩す社員て、少ないところは少ないんですね」

あの会社には何が出てもおかしくないですよ、と彼は言った。

今はよその会社に買収されてしまった。が、まだ同じ場所に会社はあるらしい。椅子の行方は定かではない。

Gの妖精

「なんか意味わからん話でもいい？」

佐倉さんはそう言って、ビールを追加注文した。

「夜、うちに泊まることになってた友達と電車に乗ってたのね。そうしたら、逆隣に座ってた女の子が、急にびくうっ！　って固まって」

「うん」

「上を見てた」

上というのは、向かいの網棚の上だそうだ。

その網棚の上にはうつぶせの男の人がいた。

「えっ、それまで気づかなかったの？」

「気づかなかったよ。新宿駅を出て、ひとつめの停車駅に近づくまで気づかなかった。ていうか、それまでいたのかな？　いなかったんじゃない？　でも目に入ったら、ほんとになんで今まで気づかなかったのってくらいすごい存在感だった」

男性は四十代だろうか。とても小柄だ。黒くて妙にテカテカとした素材のスーツを着ている。

「黒くて、光る」

「そう、うつぶせなのもあってそのまんまGの感じというか」

「言い過ぎじゃない……？」

「いや、あのテカリ方なのよ。あるじゃない。で、隣の友達にさりげなく、気取られないようにこそっと、『むかいのあみだなのうえ』って伝えたわけ」

「うん」

「その子もそれ見て、『うわ……』って言ったからそのときは同じものを見たのかと思ってた」

嫌でも、危険は共有しなければならない。

電車が特急停車駅に着く。まだ、乗る客のほうが降りる客よりも多い。新しく乗ってきた客が、混み合った中でなんらかのお土産袋らしき紙袋をおじさんの前に置いた形になった。

そのとき気づいた。多分、その袋を置いた人にはおじさんは見えてすらいない。

車内を見ると、あからさまに挙動がおかしい——その網棚を極端に凝視する、警戒する、無理やり見ないようにする——人が何人かいる一方で、それ以外は騒ぎになっていない。気がついていない人も多いようだった。

が、佐倉さんの目にははっきり見えていた。

髪は薄く、くたびれた皺のあるスーツの男性だ。

よく考えれば、全員に見えていたらさすがに誰かは声をあげるだろう。そのくらい異様な場所にいる。

ただ同時に、あまりに現実味がなくもあった。そのおじさんを、ひどく薄っぺらく感じたのだという。


「ところで、佐倉さん霊感ないって言ってなかったですか？」

「ないよ！　でも、そのときは見えた。隣の人のとかがうつったんじゃない？」

そういうの、うつるものなのかな、だとしたら嫌だな、と思いながら私は先を促した。

「車内はすごく混んでたし、降りて来られても困るからそのままでいてくれてよかったんだけど」

おじさんは特にどうしてやろうという感じも、網棚から降りる様子もなかった。

だが、目の前に置かれた紙袋には興味を持ったようだった。這うように近づき、片手を入れる。荷物の持ち主は気づいていない。そちらを見てもいないのだ。そして、その間にもおじさんはどんどん中へと入っていく。

「待って、袋ってそんな大きい袋だったの？」

「大きくないよ、お土産買ってきました的な紙袋だもの」

それなのにおじさんはするすると袋の中へ消えていった。入っていった大きさと、袋の容積が合わない。頭が見えなくなり、最後には。

「革靴まで、全部入っちゃったんだよね」

紙袋は、後の駅で元の持ち主――若い会社帰りの男性らしき人だったそうだ――が、まったく気にしないまま網棚からおろし、持っていったそうだ。重そうでさえなかった。

電車を降りたあと、「さっきの、なんだったんだろうねえ」と友達に言うと、友達は眉をよせて言った。

「何って、でかいゴキブリ以外になんかあんの？　電車の中にいるとか、ほんと怖い」

友達には、おじさんなど見えていなかった。本当の虫が見えていたと言う。

思い返せば、友達と逆隣の女の子はどうだったのだろうか。反応が極端だったから、自分と同じではとは思ったのだけれど、虫が見えていただけかもしれない。


虫に見えた友達。

おじさんに見えた佐倉さん。

気がついた乗客と、気づかなかった乗客と――持ち帰っただれか。

それらは同じ電車に乗り合わせながらバラバラで、ほぼ運みたいなものだ。

「それ以来部屋にGが出たら絶対に見つけて倒してる。知らないおじさんが同じ部屋にいるとか嫌でしょ」

あれはGの妖精的なものなのではなかろうかと佐倉さんは言うが、妖精というものにもう少し夢があってもいいのではなかろうか。

昇る箱

幼い頃の野瀬さんは、叔母の香代子さんの家に遊びに行くのが好きだった。

独身の彼女の部屋はマンションの九階。古い建物とはいえ、当時はかなり高い建物の最上階であった。窓からは市内が一望できたという。

ミニマリストという言葉もまだない時代だったが、彼女は物の少ない質素な部屋で暮らしていた。だが本に関してだけは別で、香代子さんの部屋には野瀬さんが読んだことのない本や漫画がたくさんあった。難しいものもあったが、二人で静かにそれを読んでいる時間が好きだった野瀬さんは、多いときには週に一度くらい通っていた。

家族も香代子さんのところに遊びに行くのを喜んでくれた。行きがけにはいつもお裾分けの料理や二人分のケーキを買うお小遣いなどを渡してくれたそうだ。

おかしかったのは、マンションのエレベーターである。

そのエレベーターは一部分がガラスになっていた。防犯のためにガラス窓の外から中が見える構造だ。

夕方、帰ろうとして、九階からエレベーターを呼ぶ。香代子さんはいつも、九〇四号室の扉から手を振ってはくれるが、エレベーターホールまでは来てくれない。

下からエレベーターが上がってきたとき、だいたいは誰も乗っていない。

なのに、たまに上がってきたエレベーターが満員でその階を通過することがあった。ガラス窓の中には、ぎゅうぎゅうに人が詰まっているのが見える。その人影はすべてが黒っぽかった。

とはいえ、エレベータは一瞬で目の前を通り過ぎてしまう。窓の中をじっくり見ることもできず、「混んでいるんだな」と思って降りてきた空のエレベーターで帰っていた。

そのときのエレベーターは、いつもかすかに花の臭いがした。

それから数年で、香代子さんは若くして亡くなった。当時は事故死、と聞かされていたが、最近になって自殺だったと知った。

その頃はあまりにショックで、野瀬さんは長い間香代子さんのことを思い出さないようにしていたそうだ。もちろん、あのマンションに行くこともなかった。

十年ほどが経ち、ようやく落ち着いて彼女のことを思い出せるようになったころ。あのエレベーターは絶対におかしかった、と思うようになったそうだ。

香代子さんの部屋はマンションの最上階だった。もちろん屋上はあるのだが、エレベーターのボタンは〈9〉がいちばん上。〈R〉という文字を見逃したわけではない。

エレベーターは本来、屋上には行かない。

「あの黒っぽい人たちはどこに昇っていたんでしょうね」

そして香代子さんも、あのエレベーターで昇ったのだろうか。死因は、屋上からの飛び降りであったという。

行く地、帰る地

上里さんの生まれ育ったN県の町は、古くからの温泉街。風情ある懐かしい街並みが今も残り、湯煙と四季の色に染まる山が特徴だ。

「人の考え方や地域のいろいろもね、古いといえば古いですけど、いいとこですよ」

と彼は言う。


そこには、子供が夕方に帰ってこないと探しに行く場所があったそうだ。

とある社の裏がその場所である。

だが、その社というのは旅館の温泉の裏、個人の所有地にあたる。

旅行客のプライベートのためにも、旅館としてはそこに関係者以外、簡単には入れないようになっている場所だった。実際、すぐ横に川もあり、傾斜もきつい。小さな子供には危ないうえに人目につかないように忍び込むのは困難だ。

子供もそこに行く理由はない。勝手に入れば親に怒られ、その割に楽しいものがあるわけではない。噂は子供も知っているので多少怖くもあった。


その旅館というのは、新しくできたというわけでもないのに、どこか町の中で浮いていた。浮くほうの問題なのか、集団側の問題なのかは理由も知らないのでわからない。だが、完全に排除や無視をするわけでもなく、その旅館の一家と他の人達の間には微妙な距離があった。


社というのも、何を祀っていたかは定かではない。遠目にも朱塗りの鳥居はあったが、狛犬や狛狐の類はなかった。その町の載るガイドブックにも旅館は紹介されているが、神社についての記載はない。町の中心には歴史ある神社があり、上里さんたちが初詣や七五三で行ったのはそちらだ。

「もちろん、個人のお宅の中なんで別にいいんでしょうけど」

その社が唯一、公共に関係してくるのが「誰かがいなくなったときだけ」というのは少々穏やかではない。

人口が多い町でもないのだが、それにしては子供が短い時間失踪することが多かった。特に子供同士で遊んだときであり、上里さんも小学生時代、野球をしていたはずなのにふと気づくと友人がひとりいなくなったことがある。

そういうときには、一旦解散してそれぞれの家に帰り、大人に連絡するように言われていた。

「ふたりめはかえしてもらえない」

とおばあちゃんが言ったのを聞いたことがある。が、幸いにも上里さんの世代では、「かえしてもらえない」人はいなかった。

そして、消えた彼はといえば、やはりその夜に例の社の裏でぼうっとしているところを保護された。正味、数時間の失踪であった。

「野球でレフトを守っていた。急に立ったまま身体が動かなくなり、頭がぼうっとして、気がつくと病院で大人が周りを囲んでいた。ずっと誰かの声を聞いていたが、何を言っていたか聞き取れなかったし覚えていない」

それが彼の話で、特にオフレコでもなく上里さんも聞いた。が、逆に大きな騒ぎにもならなかった。旅館の裏の社で見つかったことに対してもだ。

別に、そこで見つかったからといって件の旅館の一家になんらかの嫌疑がかかったわけでもない。それどころか、小さい町であるのに犯人探しそのものがなかった。

数年に一度、そういうことがあった。


次男である上里さんは、現在、神奈川で奥さんと子供と暮らしている。いくら自分の時代とは違うとはいえ、小学生の子供が夕方から夜にかけていなくなったとしたら、随分な非常事態だ。

「なんであんなに余裕だったのか、ちょっとわからないんですよね」

それがおかしくないかのような町。かといって本当にそのまま子供が消えてしまうこともなかった町。

その温泉街がある山自体が神聖な山とは言われているが、当時から今まで観光客の子供がいなくなったという話は聞いたことがない。そうなったら大問題でもあり、いなくなるのはいつも地元の子供だった。

結局、実家に帰った際には子供から目を離さないようにする以外なく、心配なのはただひとつ。

「その旅館の経営が譲られたらしいんです」

それは後継者がいなくなったという家族の問題であり、立地のよさからチェーン展開する会社に譲られた。もともとの旅館の一家は引っ越し、今は経営者が変わって営業を続けている。


社は、今はある。だが、いつまであるのか。管理はされているのか。

そして今後も、子供がもしいなくなったらそのあたりからちゃんと帰ってくるだろうか。

そもそも、上里さんの中でも「あの社から戻ってくる」という感覚があるのが、不思議なのだという。

香ばしい朝

土曜日の夕方、図書館から帰った松永さんがカバンを開けると、六冊の本が出てきた。彼が利用している図書館の貸し出しは五冊までで、その日借りたのも五冊のはずだ。改めて確認すると、借りた覚えどころか手に取った覚えすらない本が一冊混じっていた。初心者向けの家庭料理の作り方の本である。表紙は女性をターゲットにしたのか赤っぽいカラーリングのかわいらしいもので、他のミステリ小説とは雰囲気が明らかに違う。

（カウンターにあった他の本が紛れたのかな）

貸出手続きの間、返却されたばかりの本が置かれている棚をぼんやり見ていた。他の本が一冊紛れてもわからなかっただろう。

そのレシピ本の上からは、濃いピンクのふせんがいくつも顔を出していた。さして厚くもない本には多すぎるのではないかという大量のふせんは、妙な熱意をアピールしている。

どこか、知らない人から渡された手料理のようだった。

図書館特有のビニールのカバーがかけられた表紙はべたついている。料理の本だから仕方ない面もあるかもしれないけれど、それにしても早く返してしまいたかったので、本はダイニングのテーブルに置きっぱなしにして翌日返しに行くことを決めた。


夜になって布団に入ったが、電気を消したダイニングキッチンのほうがいつになく気になった。そんなはずはないとは思うが、真っ暗な中に人の気配があるようで、電気を消す手が伸びない。

いつもなら読んでいれば習慣的に眠気が来るミステリの文章を目で追っても、眠くもならなければ集中もできなかった。

それでも眠らなければと、本を置いて目を閉じる。

ぱたん、と小さな音が聞こえた。冷蔵庫の扉の音だ、と思ったが、気のせいだと自分に言い聞かせて眠った。


翌朝、目を覚ました松永さんは、最初自分の部屋にいるのが信じられなかったという。

窓は閉めっぱなしだというのに、パンの香ばしい匂いが部屋に充満していたのだ。

その出所、いちばん匂いが強いのは本を置いたままのダイニングキッチンだった。

おそるおそる見たが、ダイニングキッチンには何もない。当たり前だ、最近はシリアルばかりでパンなど買っていないのだから。

それが原因だという明確な証拠はないのだが、とにかく図書館の本と離れたかった。布団から出ると読みはじめたばかりのミステリも含めて袋に詰め、慌てて家を出た。


本を返却ボックスに入れて終わりにしてしまいたかったが、図書館についた頃にはもう開館しており、係の人に渡すしかなかった。

「返却お願いします」

六冊の本を渡された司書の女性は最初訝しむように彼を見たが、何も言わず返却処理をはじめた。

だが、いざ例の料理の本になるとパソコン画面に目をやって松永さんに聞いた。

「これは、あなたが借りられたものですか？」

信じてはもらえないだろうし、不自然な回答をしどろもどろにすることになったが、あまり深くは追求されなかった。

その本は、二年前に市内の女性が借りたままのステータスになっていたのだという。

本を返し、幾分ほっとした気持ちでアパートに帰り、ドアを開けた。

パンの匂いはまだ部屋の中に強く残っていて、玄関からすぐにある換気扇と電気のスイッチを手探りで押した。

換気扇がつく。ダイニングキッチンの電気が消え、部屋が少し暗くなる。

だが、考えてみれば前日の夜に消してから一度もつけた覚えのない照明だった。いつ、電気はつけられたのだろう。

パンの香りは、そこにパンなどないにも拘わらず、換気扇をつけっぱなしにしてもなお三日ほどそこに未練がましく残っていたそうだ。

ひとりめ

結婚したばかりの頃、祐実さんは、仕事と家事をひととおり終えるとベランダで煙草を吸うのが好きだったそうだ。

「別に部屋で吸ってもいいよって言われてたけど、少しだけひとりになる時間がほしかったんです」

旦那さんも、その間はできるだけそっとしておいてくれた。

八階建て賃貸マンションの、六階のベランダ。

煙を肺にいれて、吐く。

静かな夜の空気の中、マンションの他の部屋には他の家族がそれぞれ住んでいるのだという当たり前ことが、やけに優しく感じられた。見上げた空はいつも星がきれいに見えるわけではなかったが、それは大切なクールダウンの時間だったそうだ。

ある冬の夜。その日も彼女はベランダの柵によりかかって煙草を吹かしていた。

午前一時。深夜といっていい時間である。

いつもと違ったのは、上のほうでサッシを開ける音がしたことだ。そちらの様子は見えないが、上の階のベランダに誰か出てきたようだった。

ひとりではない。会話の様子から、どうやら女性ふたりであるようだ。話の内容はよく聞こえないが、たまに混じるくすくすという抑えた笑い声に親密さを感じた。

（そういえば、昔はよくこんな風に友達と話したっけ）

忙しさにかまけて最近あまり高校時代の友達とも会っていないなあ、などと彼女たちの顔を思い出していたときだった。

「じゃあ、お先に」

「うん、あとでね」

なぜかその言葉だけ、やけにはっきり聞こえた。まるでこれから出かけに行くかのような楽しげなやりとりだ。だが、この時間から？

——そんな考えは、目の前を落下していった女の姿にすべてかき消された。

ベランダの手すりにもたれていた祐実さんの前を、髪の長い女性が逆さに落ちていく。

一瞬で彼女は祐実さんの視界を通り過ぎた。

「……っ、あ……」

何が起こったか、感情を素通りして事実を理解した。

上の階から人が落ちた。ここは六階だ。その上からならば、助からないのではないか。

が、祐実さんがおそるおそる地面を見てもそこには何もなかった。いつも通りの路面は街灯が照らすだけで静まり返っている。

(でも、今、人が)

そう思った瞬間、もう一度、今度は鼻先をかすめるような距離で目の前を何かが落ちていった。地面を見ていた祐実さんははじめて、人が落ちた瞬間の重い音、落ちるとどうなるかの一部始終を目の当たりにした。

物音に驚き、慌ててベランダへ出てきた旦那さんに、パニックになりながらも誰かが落ちたことを伝える。

「君は、中へ。すぐに行くから」

旦那さんが救急車を呼んだものの、落ちた女性は助からなかった。

後に聞いたところ、飛び降りたのは二階上の部屋に住んでいる主婦だったそうだ。育児ノイローゼになっていたという噂は聞いたが、定かではない。

ただ、それはひとりの女性だけである。

死体はひとつだけだった。飛び降りたのもひとりだけとされている。

部屋にいた旦那さんの聞いた「何かが落ちた音」も一度だ。

確かに、祐実さん自身も最初の女性が落ちた音を聞いていない。ふたりめの彼女が落ちたとき、「人が高いところから落ちるとこんな音がするのか」と思った。だがそれは、一度だけである。

「私だけがひとりめに落ちた人を見たんですけど、……本当にそれまで楽しそうに話してたんですよ」

……あれ、なんだったんでしょうね。

それ以後、ベランダで煙草を吸う習慣はなくなったそうだ。

押されるような痛み

根元さんは月に一度か二度程度、強い頭痛に襲われる。

「人の指先で外からぐぐぐーって容赦なく押される感じなんだよ。友達に冗談でもやられたらブチ切れて喧嘩になるような強さのやつ」

痛むのは、決まって右の側頭部だという。


いつでも起こるわけではない。

夜中、自分の部屋のベッドで目が覚めたときに頭痛ははじまる。

金縛りにかかったように体は動かない。

時間としては三十分くらいのできごとだ。その時間を我慢すると、頭痛は終わって身体が動くようになる。そのときは部屋にほんの少しの生臭さを感じるという。

翌朝には頭痛も生臭さも、そんなことがあったという気配さえ部屋には残らない。唯一の証拠が、疲れ切った根元さんだ。

根元さんにはじめてその頭痛が起こったのは、十五歳のとき。お父さんが脳卒中で亡くなった直後だった。

悲しいだけでなく、一家の大黒柱が突然亡くなり、個人的には受験も迫っていた。ひどく忙しく、ストレスもあった時期なので最初はそのせいだと思った。

だが、それが一段落し、高校生活が落ち着いたあとも頭痛は続いた。

いくつかの病院に行ったが、原因はわからない。

お母さんは「お父さんも、夜中たまに痛がっていた」というが、根元さんはその話をはじめて聞いた。

昼間には頭痛が起こることはないので、学校や仕事には影響がないことは幸いだった。

それでも、月に一、二度、激痛を耐えなければいけない。そのことを諦めてはいる。強い痛みにはいつまでたっても慣れない。

話が多少変わったのは、数年前である。

結婚して少しした頃、根元さんは坊主頭にした。

新しい生活でも夜中の頭痛は変わらずやってきた。

隣で寝ている奥さんの穏やかな寝息をうらやましく思う中、ぐりぐりと頭を押されるような痛みで寝なおすこともままならない。

起こる前に前兆はないので、あらかじめ痛み止めを飲むわけにはいかない。頭痛が起こっているときもまた、体が動かないので薬を飲めず、痛みに耐えるしかない。

自分が何をしたのだという気持ちになる。

あと、生臭い。清潔でないペットショップのような臭いだという。


そんな時間を数十分過ごして気絶するように眠った翌朝、奥さんに昨日頭痛があったことを話すと、

「赤くなってるよ」

根元さんの側頭部を見て奥さんは言った。

鏡で確認すると、確かに三つの赤いアザがついていた。

爪らしき筋のついた、「ちょうど三本の指先のような」大きさだったそうだ。

髪があると見えないような位置にそれはあったが、それもしばらくしたら消えた。

だが、坊主頭の間は頭痛のたびに跡が繰り返し残っていたという。それは丁度、痛むところだった。

それを目にするのが嫌で、髪は元に戻した。

「『押されてるみたいな痛さ』って思ってたけど、本当になんかに押されてるのかもしれない。血圧がとかいう話なら外側がアザにはならないだろ」

生臭いというのも、どうもおかしい。その生臭さは、偶然夜中に起きたときに奥さんも感じたことがあるという。

必ず金縛りにあうのもどうなのだろう。

——疑問はいくつもあるが、幽霊らしきものを見たということはない。

それでもお祓いには行った。寺にも神社にも行ったが、特に変わりはない。

根元さんは現在四十代。お父さんが亡くなった年齢に近づいている。

突然亡くなったお父さんのことを思い出し、健康には気をつけているそうだ。が、それをあざ笑うように頭痛は今も続いているという。

濁流より

去年の夏、本州の形をなぞるように台風が進んだときのこと。

敏夫さんの家があるＫ県Ｋ市は台風の影響のど真ん中にあった。

窓を激しい雨が叩いている。

まだ赤ん坊ともいえるような息子を抱えた妻の佳子さんと避難を迷っているうちに、

「さっきまでに避難しておけば」というほど状況はあっという間に悪化してしまった。

「もう外には出ずに、このままやり過ごそう」

幸い、しっかりしたマンションの四階である。佳子さんと話し合い、そのまま籠城を決めたそうだ。

テレビでは近所の川の映像が流れている。茶色い水がうねりながら橋を飲み込もうとする姿は、普段見ている穏やかな川とは思えない。

（やっぱり今からでも避難したほうがいいかな）

何度もその考えがよぎる中、画面にふっと思ってもいないものが映った。

「え？」

川の流れの中に、一瞬だが人の姿が映ったのだ。

女性だった。それも……

「今、中安さんいなかった……？」

佳子さんに聞くが、ちょうど見ていなかったらしい。

「そんなはずないでしょう」

中安さんとは、同じマンションに住む高齢の女性である。

あまり深い近所付き合いはしていない敏夫さんだったが、中安さんは行き過ぎというほどに細かくクレームを入れることで有名だった。普段は無表情なのだが、些細な騒音でも怒鳴り込みに行くという。それは平日昼に多く、敏夫さん自身はそのクレームを聞いたことがないのだが、佳子さんによると「自分の家でなくても怖くなるほど」だというので、苛烈なものなのだろう。

その中安さんが濁流の中からひょいっと顔を出したのだ。それも、いつもの神経質そうな表情が嘘のような満面の笑顔で。
見間違いかもしれないと思いながらも、顔見知りの衝撃的な場面を目の当たりにしてしまった敏夫さんの頭に様々なことが浮かんだ。

あの川に飲み込まれては。
ここは安全なのか。
放送事故としてもひどい。
中安さんと最後に会ったのはいつだっただろう。
やはり、逃げたほうが——。

不思議なことに、テレビでは「人が流された」ことにはまったく触れられないままだった。定点カメラによる画面。近所の川の動画とアナウンサーのコメントが続いている。

そのときだ。

もう一度、画面の茶色い川にぷかっと中安さんが浮かんだ。やはり大きく口を開けて笑っている。

「ほら！　中安さん！」

慌てて佳子さんを呼ぶが、彼女は子供を見ていたところで、目線をテレビに移したときには既に中安さんは沈んだあとだった。

「いい加減にして。あんな中いられるわけないでしょ!?」

彼女は、ただでさえ不安な状況で、敏夫さんが佳子さんのことを怖がらせようとしていると思ったらしい。

確かに、普通であればその場に留まっていられるような水流ではない。

「それに、中安さんは先週亡くなったって言ったでしょ！」

「はあ、なにそれ？　聞いてないけど」

「あ、あれ、言ってない？」

たしかに敏夫さんのリアクションはまったく覚えていない、と佳子さんは言う。

「亡くなったの？」

「そう、二ケ月前から地元の病院に入院してたけど亡くなったって」

通夜や葬式はその土地の彼女の息子夫婦が執り行う、と佳子さんは噂で聞いた。

実は佳子さんは、中安さんは寂しいのではないのだろうかとかねてから思っていた。この町は近所付き合いがほとんどない。佳子さん自身、同じマンションの同じ棟でも知らない人が多い。

その中で中安さんのことは知っていた。言い方は悪いが、細かく、うるさいからだ。困った隣人で怖いときもあるけれど、あれは彼女なりのコミュニケーションでもあったのではないだろうかと思うこともあった。

そして——聞いたことはないけれど——息子夫婦の都合か、中安さんの都合か、具合がかなり悪くなるまで彼女はひとりで暮らし続けたのだ。

目の前の災害から目をそらすように、敏夫さんと佳子さんは中安さんについて話した。

永遠に災害のニュースを見ているのは無理だ。

ここにいると決めた後なのに、その前にあった選択肢が無限に目の前を行き来する。

お互いに、ふっと黙った。

中安さんは幸せだったのか。

彼女は、息子夫婦の家と自分の部屋、どちらに帰りたかっただろう。そんなことが頭をかすめたときだ。

「あっ」

佳子さんが小さく声を上げた。強張った顔の彼女が見ている先、テレビ画面の濁流に中安さんがいた。両手を上にあげてゆらゆらしている。かといって流されるでもなく、ぎらついた目で、嫌な笑顔を貼り付けている。

それも十分異常だったが、服がまったく汚れていなかったのも気になった。真っ白なブラウスだ。幽霊というのはそういうものなのか、と思ったとき、逆に「中安さんはもう幽霊なのか」と思った。

はっきり見えているので実感がないが、中安さんを見ているようで、実際には幽霊を見ている。中安さんはもうこちらのルールの中の存在ではない。知人の死は敏夫さんも何度か経験したが、彼らはみんな、天国に行ったり、成仏したのだと思っていた。

自分たちは中安さんを助けに行かない。中安さんが何を伝えたいかわからない。川を浮かんだり沈んだりしている彼女にかける言葉がない。

という。

（成仏してください）

敏夫さんはテレビ画面に手を合わせて目を閉じると、心の中でおぼろげにお経を唱えた

そのとき、ぴんぽんぴんぽん、とせっかちにインターホンが押された。それも続けてだ。

「はあい」と言って立ち上がった敏夫さんを、真っ青になった佳子さんが足にしがみついて止めた。そしてぶんぶんと首を横に振る。

敏夫さんは、同じマンションでなんらか困りごとが出た人かも知れないとも思ったし、消防団か何かの人が危険を伝えに来てくれた可能性も考えて出ようとしたのだが、ドアの外から声が聞こえてきた。

「うるさいのよ！　うるさい！　何時だと思ってるの！」

どんどんどん、と扉を叩く音に、その場で立ちすくんだ。佳子さんも何も言わずに固まっている。

「静かにしてちょうだい！」

ヒステリックな女性の声だった。それは、後に佳子さんが語るところによれば、間違い

なく中安さんだという。

ただ、そのときはまだ夕暮れ時であるし、外の風雨に比べて敏夫さん一家がうるさい、などということはあり得ない。明らかに理不尽なクレームだった。

その声の中、不意に息子が泣いた。

いっそこれまで静かに眠っていてくれたのが奇跡のようなものだ。慌てて佳子さんが抱いたが、彼はこれまでの分とばかりに、火がついたように泣いた。

それに気を取られているうち、ドアを叩く音も中安さんの声もなくなっていた。

テレビ画面に目をやると、茶色い濁流だけが映っていた。大きな画面でそれをかけ続ける気にはなれず、敏夫さんはそっとテレビを消した。


台風は去った。結果的には、規模の割に被害らしい大きな被害はその地域にはなかったそうだ。死者も出ていない。

だが、あの日に中安さんが立っていたであろう玄関の前の廊下は泥で汚れていた。それも、来た跡も帰る跡もなく、ただ扉の前にひとり立つスペースほどの範囲に泥がこびりついていたそうだ。

それ以来、敏夫さんは中安さんの姿を見ていない。
彼女の部屋には、新しい家族が住んでいる。

流砂の浜辺

小波さんの実家は九州のＫ県、海に面した小さな町である。

有名な観光地にも負けぬほどその海は透明で美しい。とはいえ、彼は幼い頃からその海で海水浴をしたことはない。

土地の子供は大人にそこで泳がないようにと言われていたからだ。


小波さんが小学生の頃、その砂浜を観光用の海水浴場にしようという話があった。結局は頓挫《とんざ》した計画でもあるため詳細はわからないが、当時はバブルの時代。ホテルだけではなくリゾート地を作りたいという、大手の会社による大規模な話だったと聞いている。

町を変えるような計画には当然反対もあったが、結局賛成派に押し切られた形で計画は進んだ。

その海は、きれいな砂浜に見えるが水深がすぐに深くなる地形をしていた。

釣り用語ではそのような場所を『ドン深』と言うそうだが、急に足場がなくなることから、そのまま海水浴をメインにした観光地にするのは難しい土地だ。そのため、重機を入れ、砂を足した。そうやって少しではあるが人工の遠浅の海を作ったそうだ。

けれど、自然の力はそううまく御《ぎょ》せるものではなかった。潮の関係か、地形の関係か、砂浜から海に入ってすぐの足元が底なし沼のようになってしまった。足を取られ、抜けにくくなってしまうことがあるのだ。それをどうもできないうちに、バブルの終焉も重なって計画は頓挫。

その結果、使われることすらなかった海の家の廃墟がコンクリート剥き出しのまま砂浜に残るだけで、その海は遊泳禁止になっている。

「地元の人は知ってるんですけど、海の上から流砂なんてわからないので、外から来た人なんかは危ないでしょうね」

そんな場所になってはしまったものの、砂浜とその脇の歩道は関係ない。小波さんは犬の散歩コースとして気に入っていた。

大型の茶色いレトリバーの〈りく〉はとても人が好きだったので大丈夫とは思っても小波さんは人の少ないところを通りたかった。そんな彼にはちょうどよかったのだという。

夏休みも終わりに近づいた頃、彼はりくを伴って砂浜脇の歩道を歩いていた。

いつも通り、周りに歩いている人影はない。その年は高校三年生で、卒業後は上京する予定だった。来年はもうこの町に住んでないのか、という感慨もあって足を止めたそうだ。

海を見る。

（あれ）

人が立っている。砂浜から数メートルほど海に入ったところに、ひとりでだ。

だが、少し様子がおかしい。ぼうっと立ち尽くしている。小波さんは目が悪く、逆光なのもあり、風貌自体は全身が黒っぽく見えるだけで男性か女性かも定かではない。身長で考えると、と思った瞬間に引っかかりを覚えた。

海のそのあたりは浅くされたはずだ。足首くらいの深さが続いていると聞いている。なのに、水面に見えるのは太股から上。

やはりまっすぐ立っているようなシルエットだ。

どういう体勢でそこに立っているのかわからないから、結局背が高いのか低いのかはわからないが、今度は違うことが頭をよぎる。

（流砂なのか？）

実際、流砂に飲まれている人というのを小波さんは見たことがない。

〈注意しろ〉〈入るな〉。

聞いているのはそれだけだ。地元の人はこの海に入らない。もし、そうとは知らずに入った人だったら――

小波さんはそのとき、助けに行くならばりくは水のないところに置いていかねばと思った。だが、りくがその場から動かない。普段は海に、砂浜に行こうと誘ってくるのはりくなのに、こんなときに限ってだ。

事態は一刻を争うかも知れないのにと苛立った瞬間、滅多に吠えないりくが大きくひと声、吠えた。

「それは、拍手《かしわで》みたいだったんですよ」

音がではなく、空気をパンと弾くようなイメージだったという。

その瞬間、小波さんは自分が「溺れている人だ、助けなければ」という思い込みでいっぱいになっているのに気づいた。その人は黙って立っており、慌てている様子も、溺れている様子もないのに。

まずは、確認から。そんな気持ちで振り返ると、目を離したわずかな間にその人は移動していた。真横に、二十メートルほど。

そして、目が合った。逆光で黒く見えていると思っていた相手は、目を見開いて小波さんをまっすぐ見ていた。その目がはっきり見えるということは、黒く見えるのは逆光だからではなく、本当に影のように相手は黒いのだ。

小波さんは、りくを連れて慌ててその場から逃げ帰った。先ほどは一歩も動かないという態度だったりくは、今度は先導するように、小波さんの前を走った。


家に帰ると、お母さんに真っ青な顔を心配された。海に変なのがいた、と言ってもお母さんは信じなかったが、観光地化に反対していたお祖父さんは「あれは餌をまいて人を呼ぶのでよくない」とそれを知っている風でもあったそうだ。

ただ、それについて語ること自体がよくないのだと聞いた。そう言われて調べるほど小波さんは関わり方がわからず、今となってはそのお祖父さんも亡くなった。

流砂のある砂浜は今も存在するという。
流砂がある前からなぜ泳いではいけなかったのかについては、小波さんは知らない。

ぴよ

「一度身体を壊してからは、前みたいに飲めないですけどね」

明石さんは、若い頃お酒を浴びるように飲んでいた。とはいえ、お金がそうあるわけではないので、量を多くすれば質を下げるしかない。まあ、もともとお酒の味などわからず、ただ酔いたかったのだからそれでよかったのだそうだ。

酔って暴れる、ということはなかったものの、お金や時間の使い道は限定される。明石さんはもてるのだが、普段の穏やかな物腰や、しっかりした面に憧れた女の子たちとは、恋がはじまったとしてもまるで続かない。

「こんなはずではなかった」

と、彼女らは簡単に、去っていく。もはや、早くはじめて早く終わらせるほうが拗《こじ》らせないのではないかと思うことさえあった。そもそも、明石さんは女の子とつきあうことにそこまで重きを置いていない生き方の人でもあった。

そんな彼が、唐突に惚れ込んだのがキヨコさんである。

キヨコさんと出会ったのは、明石さんが会社を辞め、転職まで一旦休憩しようとしたときだった。

「キヨコのキヨは清酒のキヨだから」

飲み屋で偶然出会い、意気投合し、なんやかんやで明石さんの家で同棲するまでたったの二週間だった。それだけの期間でキヨコさんは一部屋余っていた明石さんのマンションに住みはじめたということでもある。

キヨコさんは明石さん以上の酒飲みで、つまりは同じ趣味であり、なにしろ唐突な人だった。

「もしかしたら、俺は唐突な何かをずっと待ってたのかもなってそのときは思いました」

キヨコさんは水商売をしていて、明け方に歩いて帰ってくる。

迎えに行くと言っても「散歩も兼ねているからいい」と断られた。ヒールで足が痛くなれば、ヒールを手に引っかけて素足で散歩して帰ってきた。

危ないと心配もしたが、少しふらつけば明け方。新宿から電車で少しの町は、明け方でも人は多い。ジョギングだとか、徹夜明けだとか。夜勤明けの人はもう少しあとだろうか。

だが、朝の時間が嫌いな彼女は六時頃までには家に戻ってきていた。

彼女はたまに散歩のついでに〈拾いもの〉をしてきた。

本人曰く、盗みはしていない、これはゴミとして捨てられていた物なのだ、と主張する。

当時、彼らの住んでいた町は、あまりに複雑なゴミ捨て制度と、頻繁に変わる住人の層がまったくマッチしておらず、多くのゴミ捨て場はごちゃごちゃだった。

そこからめぼしいものを拾ってきたのだという。

そのひとつが、うさぎのぬいぐるみだった。

これまでも彼女は変なものをいくつか拾ってきたが、そのぬいぐるみはおかしな点があった。

赤い紐が巻かれていたのだ。お腹にも同じ紐で縫い目のような赤い模様が入っている。

全体は手作りの人形ではなさそうなのに、そこだけ素人が手でやったかのような雑さだった。

それはキヨコさんによって「ぴよ」と名付けられた。

「うさぎなのに？」

「ぴょんのぴよだよ」

そうして、ぴよは部屋にやってきたのだった。

明石さんの部屋はもともと様々な雑貨があり、ひとつ増えてもかまわなかったそうだ。

「でも、動いたんです」

もちろん最初は、気のせいだと思った。もしくは見ていないときにキヨコさんが位置を動かしているのだと。

だが、ふたりで出かけて帰ってきても位置が変わっている。

眠って起きると場所が変わっている。

棚から廊下へ。窓辺から床へ。

〈だるまさんが転んだ〉の要領ではないが、見ている前では動かないのだが。

しかし、明石さんもキヨコさんもあまり深く気にしなかった。

「多少動くくらい、いいか」

そんなところの価値観も似ていた。

けれどそんな対応が災いしたのか、ぴよは大胆になっていった。寝ている明石さんの布団に入っていてぎょっとしたこともある。

が、ある日とうとう問題が起こった。

その日、押し入れを開けて探しものをしていたキヨコさんは真後ろに気配を感じたのだそうだ。

振り返ると、身長がキヨコさんの胸あたりまでの子供がすぐ後ろに立っていた。子供は目がない。のっぺらぼうというには半端だが、とにかく目線が入っているかのように目元が暗くて顔がわからなかった。

「……おに」

言葉を失う彼女に、少年はそう言った。青いシャツに半ズボン、昭和の小学生男子という格好だったそうだ。

彼は目の前で消えた。

あとには、床にぴよが残されているだけだった。

その夜、明石さんは友人のみつるさんを連れて帰った。彼は古い友達で、キヨコさんを紹介しろとせっつくので、そのつもりだったという。

だが、それを伝えていたはずなのに帰ってもキヨコさんは部屋にいない。

連絡すると、近所のファストフードにいたのだという彼女が帰ってきて、紹介する間もなくその話をした。

「人のこと鬼って言って消えたんだけど」

納得いかない、という彼女は怖がるだけでなく怒ってもいたが、明石さんはさすがにぴよを家に置いておくのはよくないのではと考えはじめた。由来などわからないぬいぐるみなのである。その話をしている今、ぴよは三人の囲むテーブルの真ん中に置かれているが。

そこで、みつるさんがふと気づいたように言った。

「なんなの、そのお腹の赤い糸」

明石さんは、当初ぴよには赤い紐が結ばれていたことや、それはさすがに邪魔なので縫われていない部分は切ったことを伝えた。

「見ていい？」

「いいよ」

みつるさんはそれを手に取ると、むにむにとぴよを見はじめた。

「このぬいぐるみさあ」

「うん」

「一度切られてない？」

「私は切ってないよ」

キヨコさんが言うと、みつるさんはぴよをもう一度テーブルに置いた。

「拾ったときからそうなんだったら、前の持ち主だと思うけど」

確かに赤い糸は、よく見ると二枚の布をとじ合わせてある。ただの模様ではない。


「開ける？」

みつるさんは興味を持ったようだった。

明石さんは、迷った。していいものなのか、したほうがいいものなのか。

そこにキヨコさんがはっきり言った。

「お腹なんてわざわざ開けないよ」

さっきの態度はむかつくけど、いやだ、とキヨコさんは明言し、もうお寺に持っていこう、という結論になった。

その瞬間、キッチンで、どさ、と重いものが落ちる音がした。明石さんとみつるさんが見に行ったが、何もなかった。

数日後、観光がてらにぴよは人形供養のお寺に預けられた。


「他に、何かおかしかったことはないですか？」

「ぴよがある間、お酒がすごい早くまずくなりましたね」

日本酒も焼酎もあけてすぐ味が落ちてしまう。なんでだろうと思っていたが、ぴよがいなくなるとそれは解消されたそうだ。

明石さんは今もキヨコさんと住んでいる。

そして、この話を聞いた数日後、ひとつ私は思い出したことがあって再度確認の電話をした。

「そのぬいぐるみって、拾ったとき濡れてたかわかりますか？」

一緒にいたキヨコさんに明石さんが聞いてくれたが、「よく覚えていないが濡れていたらさすがに気持ち悪いので拾ってこないのではないか」との返答だった。

「……ひとりかくれんぼって知ってますか？」

「よく知りませんね」

それはふたりとも同じだった。


ひとりかくれんぼというのは、ネットを中心に広がった怪談のひとつである。詳細は省くが、ぬいぐるみを相手に、夜中に決まった手順で「ひとりかくれんぼ」を行うことにより、何らかの怪奇現象が起こる、とされている。

手順どおりであれば、使われたぬいぐるみは最終的に燃やされているはずだが、最初にぬいぐるみの中身を米に詰め替えたあとに縫い合わせるのは赤い糸を使う。その残りはぬいぐるみに巻きつけるのもやり方の内だ。

かくれんぼなので「次はあなたが鬼」と語りかける部分もある。

私が「濡れていたか」を聞いたのは、ぬいぐるみをお風呂に沈める必要があるからだ。

ぴよがそれに使われたぬいぐるみなのかはもう確認しようがない。

だが、もしそうならキヨコさんの言われた「おに」の意味もまた変わってくるのではなかろうか。そちら側は、ずっとかくれんぼの最中であったのかもしれない。

キヨコさんは、今もたまに飲むとそのあたりの物を拾って帰ってくるという。

家は巻き戻す

青山さんの実家の傍に空き家があった。家族で住むような一軒家ではなく、空き地に建てられた小屋である。

小学生の頃はお化け屋敷と言われていて、「そこで殺人事件が起きたのだ」という噂を同級生の誰かから聞いた。

が、中学校に上がったあたりで「この狭い町内で、そんな事件なんて何年もない」と長く同じ土地に住む父親に聞き、それが本当なのではないかと青山さんは思っている。

中学二年の夏。始業式が数日後に迫った夕方、その家に行くことになった経緯を青山さんはしっかり思い出せない。

「夏休みの夕方に暇だったので」、同級生の桜井くんに誘われるままに行くことにした。

だが、ふたりとも普段はそういった冒険的なタイプの遊びをする中学生というわけではなかった。

青山さん曰く、「二人ともクラスで地味なほうだった」。

お化け屋敷に行ってやったぜという武勇伝がほしいわけでもなければ、幽霊に興味があったわけでもない。

だが、結局のところ青山さんはその小屋に向かった。


二人で自転車を廃屋の横に止めた。

そばを通りかかった人に止められるのではないかと思ったが、偶然誰もいない。

そうやって横を見ている青山さんの前を、桜井くんは「何かあったときのために」持ってきたというバットを手に率先して進んでいった。

近くで見ても、やはり人が住んでいる様子はない。

なぜか扉にカギはかかっていなかった。灰色のドアを桜井くんが開けると、温められたまま止まっていたのであろう中の空気が青山さんの顔にまで届いた。

小屋だから、中は物置のようなものだろうか——という予想を裏切り、室内には小さいながらも台所や布団などが用意されており、実際に生活した痕跡が残っていた。

だが、思ったより荒れてはいなかったという。

シンクにある茶碗。壁の賞状掛け。押し入れの鴨居《かもい》にかけられたハンガーのシャツ。住んでいたのは恐らく男性で、広さを考えてもひとりだろう。

カビ臭い。しかし、粗方のことは過ぎ去ってしまったかのように部屋全体が乾いている。

——怖いような、そこまで怖くはないような。

普段の生活から考えれば、壁一枚隔てただけだというのに明らかな非日常ではある。けれど、自分たち以外に人がいるとは思えなかったし、幽霊が出てくるようなイメージはない。霊感などないながらに、怖いところに行けば何かしら「ここから何か来たらどうしよう」という気持ちはあるのかもしれないと思っていたのだが、その場所はあまりにも空っぽに思え、肩透かしを食らったような気持ちで青山さんは部屋を見ていた。

そのとき、何かが壊れる物音がした。びくりと身を竦めそちらを見ると、桜井くんがバットを戸棚に叩きつけたところだった。埃が舞い、破片が落ちる。

急にどうしたのかと思う青山さんの前で、桜井くんはもう一度バットを振りかぶった。押し入れが音をたてて破られる。

「お前、何してんの……!?」

くるり、と桜井くんが振り向く。その顔には表情はなかった。

「むかつくだろ。あいつさ」

言葉もまったく要領を得ない。あいつ、とは誰なのか。自分と桜井くん以外は部屋にいない。そもそも人の家に勝手に入って何を言っているんだ、と思う青山さんの前で、彼は部屋の中を壊し続けた。

気が済んだのだろうか。桜井くんはしばらくすると唐突にその部屋への暴力を止めた。それまで青山さんは呆然と見ていることしかできなかったという。

聞こえていたセミの声が止まっていた。

廃屋の探検で感じるはずだった恐怖はほとんどなかった。だが、友人だと思っていた桜井くんの見たことがない一面にショックを受けたまま、青山さんはその場を後にした。

夜、食欲がないことを母親に心配されたけれど、誰にもその話をすることはなかった。

話は二学期がはじまって数日たった日に移る。クラスメイト数人と話していたときだ。

「そういや、桜井とお化け屋敷行ったの？」

と唐突に聞かれた。

（なんで知ってるんだ）

そうは思ったものの、行った、と答えた。

「あいつ『部屋の中のもん壊してやった』とか言ってたけどほんと？」

青山さんは、そんなことを桜井さんが話していることに驚いた。周りにも引かれるだろうと思ったし、先生や家族に言いつけられでもしたら大事だ。

かといって、嘘をついたとしても誰かが見に行けばおしまいで、結局のところ、言い訳がましく自分は壊してはいないこと、桜井くんの様子がおかしかったことを交えてあの日の話をしたという。

「確かに、話したときもあいつちょっとおかしかったよな」

何人かはそこに同意していた。そもそも、これまでほとんど話したこともなかった彼らは突然そんな話をされてリアクションに困ったという。

「まあ、青山も言うならほんとなのかな」

実のところ、疑っていたのだという人もいた。武勇伝を語りたかっただけなのではと。そこから、結局「みんなで見に行ってみよう」という結論になるのはすぐだった。

放課後、クラスメイト数人が集まった。

桜井くんに言って「信じていないのか」という押し問答になるのも面倒だと、桜井くんは呼ばれなかった。逆に、青山さんは「他に似たような建物が近所にあるわけでもないが、念のため一緒に来てほしい」と言われ、断る理由を見つけられないまま行くことになってしまった。前回の桜井くんの行動を止められなかった責任と、ぐちゃぐちゃな中を見ても誰かが告げ口しようと言わないようにという保身の気持ちもあった。

相変わらず鍵は開いていた。青山さんは中に入って愕然とした。

シンクには茶碗。壁の賞状掛け。押し入れの鴨居にかけられたハンガーのシャツ。

部屋全体がうっすらと埃をかぶっている。

すべて、青山さんと桜井くんが来た日に扉を開けたそのときとまったく同じだった。しかし、それは桜井くんがめちゃくちゃに壊したはずの景色だ。

このわずかな期間に誰かが部屋の中を修復したとして、半端な生活感をもう一度作り直す意味などどう考えてもない。そして埃は、改めて積もるようなものでもないだろう。

「え……」

青山さん以外のクラスメイトも、ひどく破壊された部屋の中を想像していたのだろう。拍子抜けした、というような声が誰からともなくあがった。

「全然壊れてねぇじゃん」

「思ったよりきれいだしなぁ」

みんなは口々に言いながら、かといってあまり奥には入らず、きょろきょろと室内を見回している。

そのとき、ドン、と大きな地響きがした。地面が大きく揺れたのだ。

「地震だ！」

そう言ったのは誰だったか。とにかく、その声をきっかけにして全員が我先にと走って出ようとした。だが、青山さんは本人曰く「鈍かった」。入り口付近にいたのに走り出すのが遅かったため、走ってきた友達にぶつかってしまった。

壁に肩がぶつかる。もう一度、壁の賞状掛けが落ちて、割れた。

やはりそれは数日前に一度割れるのを見たものだった。

地震はなかったという。家に慌てて帰ったがニュースにもならなかったし、家族も気づかなかったと言っていた。

青山さんはその小屋にもう近寄らなかった。小屋の様子を見たにも拘わらず、一緒に行ったクラスメイトも桜井くんを問いただしたりすることはなかったようだ。けれど、桜井くんはそれ以降やけに暴力的になり、みんなと微妙な距離ができたまま中学を卒業したという。

その小屋ももうない。青山さんが大学進学で上京した年の夏、近くの川が増水したときに流れてしまったと家族に聞いている。

そのときまであの部屋の中は、写真のようにそのままだったのだろうか。桜井くんの急な変貌はそれと関係あったのかもわからないが、今でもそこに行かなければよかったという気持ちが青山さんはどこかにあるそうだ。

よくできた墓

　康介さんの住んでいた地域には、「児童センター」という地域の子供が遊べる施設があった。学校の友達がいなかったわけではないが、学区や年齢も違い、お互いの素性をあまり知らない者同士で遊ぶのもまた楽しかった。ひとりっ子で両親も共働きだった彼は一時期入り浸っていたそうだ。

　その児童センターに地域の夏祭りにあわせたイベントを開催するというポスターが貼られていた。

「小さな文化祭みたいなもんですけどね。でも、今になって考えると、夜の夏祭りに連れていってもらえないとか、いろんな事情の子がいたのかもしれない。だから代わりに、って部分もあったと思いますよ」

確かに、児童センターでは服装も年齢もまちまちの子供がみんなで遊んでいたという。暗黙のルールのようにお互いのことをあまり聞かなかった。次いつ会えるかもわからない。知らない顔がいることも日常茶飯事だったそうだ。

児童センターの夏祭りで、康介さんはお化け屋敷の係に登録した。登録したからといって毎日来なくてはいけないわけではないし、登録していないメンバーも暇なときは手伝っているので、当日に脅《おど》かす役をやることが確定する程度だ。

お化け屋敷づくりは思っていたよりも楽しかった。

康介さんは絵を描くことが好きだったこともあり、主に工作を担当した。全体の企画をするチームと調整をしながら棺桶型のものや卒塔婆《そとうば》的なものを作り、墓を作る。学校でやるよりも材料も道具も豊富で、やる気が出たという。

ただ、できあがったものはというと本人から見ても安っぽい出来だった。

「暗いところで見ると、きっとちゃんと怖いよ」

児童センターの職員——「先生」と呼ばれる彼らはそう言って出来を褒めてくれたけれど、康介さんは日々通って改良を重ねていた。

そんなある日のこと。いつものように康介さんが児童センターに行くと、いつものメンバーはおらず、ひとりの少年が康介さんの作った墓の前に座っていた。絵筆を持っている。彼が書き足していたのであろう〈墓〉は、素晴らしく生まれ変わっていた。それはただの「墓っぽく段ボールを重ねてグレーに塗った物」ではなく、康介さんが言うには死の重みを持った墓となっていた。

苔生《こけむ》した石の質感と重み。省みられてこなかったと訴えるような汚れからくる、うらぶれた迫力。

それは、お盆にお参りに行くお墓ではなく、うち捨てられた墓といった様相に変わっていた。

しばらく黙って彼が塗っていくのを見ていた康介さんだったが、彼が緊張を数秒ゆるめて息を吐いたときに、

「すごいね」

興奮気味に声をかけた。すると彼は立ち上がり、ばっと横を駆け抜けて走って出ていってしまった。追いかける暇もなかった。

ちょうど入れ違いに、どやどやといつものメンバーがやってくる。

「早いじゃん」

「暑いな」

そう言いながら入ってきた彼らもまた、康介さんの前にある墓を見て驚きの声をあげた。そしてすぐ康介さんが手を加えたものと勘違いをして「すげぇじゃん!」と続ける。

「俺じゃないよ。さっきまでいた子が作ったんだよ、すれ違ったでしょ」

慌ててそう返すが、彼らは「誰ともすれ違ってない」と声を揃えた。

知らない子供がいるのは当然の場所だ。「すれ違ってない」の前に「誰とも」とついたのも気にしないことにした。自分も、名前すら聞いていないのだ。

一点、気になった。「××家之墓」と書いていたところが、上から塗りたくられて「是政家之墓」となっていた。子供ながらに、「誰かの名前だったらどうしよう」という不吉な予感があって先生に聞いたが、関係者にいないことから問題にはならないだろうとそのまま置かれることになった。

「結局、夏祭り当日までその子は見ませんでした」

お化け屋敷の準備は滞りなく終わり、当日も多くの来場者があって盛況だった。

出口のアンケートでも墓のあたりが怖かったという人は多かった。派手な演出はないのになあと思っていると、

「お母さん、お母さんていう子供の声が怖かった」

という感想があった。

康介さんは少し離れて物影でこんにゃくを操っていたが、そんな声は聞いていない。お経の声に模したCDをかけていたので、それの聞き間違いだろうと思うことにした。

だが、内心、それもおかしいことはわかっていた。自分も同じものを聞いているが、子供の声になど聞こえなかったからだ。

けれど、そのまま大きな問題もなくその年のお化け屋敷は終わった。


何日もかけて用意したそれを片付けるのはすぐだ。だが、康介さんは墓を壊すことに抵抗があった。

結局は先生がそれを壊すと、その段ボールからはカビ臭い空気が漂い、中には手のひら程度の大きさの平べったい石がひとつ入っていた。

素晴らしい筆致で墓を塗ったのは彼なのだが、段ボールを組み立てたのは康介さんだ。いつ、誰がそれを中に入れたのかはわからなかった。もちろんそれを絶対に入れることができないというわけではないのだが、誰かが無言で石を入れておく意味がわからない。

康介さんは中に入っていたその石をもらって帰った。


翌日、康介さんは近所の公園に行った。

文化祭が終わってしまったような、そのまま夏が終わってしまうような。そんな寂しさの残る気持ちで、カバンから石を取り出した。

一方的にだが、あの墓は自分と彼で作ったような気がしていた。が、持って帰った石の話を聞いた母は「どこかに埋めてきたら」と言った。それは本当に何気ない提案のようだったという。

だが、埋める、という言葉は康介さんの中で妙にしっくり来た。

埋めるためにもらってきたようにさえ思い、公園の隅に埋めた。


数ヶ月後、市内で火事が起こったそうだ。地域の新聞にも載るような大きな火事で、それが是政という名字の家だったので記事を読み進めたという。

その家は二十代の夫婦ふたりで住んでおり、どちらも亡くなったらしい。出火元は捜査中と書かれていた。

ふたり暮らしと書いてあったから、子供はそこにいなかったのだ。関係ないかもしれないと思う一方で、過去に子供がいたのかどうかを、康介さんは調べていない。

私にも調べないで欲しい、という理由で土地も含め、お話はすべて仮名でうかがったものである。

携帯遊び

スマートフォンが台頭してきてすぐ、まだガラケーの人も多かった頃の話だ。

江島さんのひとり娘、まつりちゃんは小学生だった。

両親の携帯電話を魔法のツールのように見ていた彼女は、よく本物を触ろうとした。

だが、どこかに用もなくかかってしまえば迷惑だし、大事な情報も多いのでおいそれと本物で遊ばせるわけにはいかない。

かといって、かわいくデザインされた子供用のおもちゃの携帯電話を買ってもまつりちゃんは不満そうだった。

「じゃあこれ、いいんじゃない？」

旦那さんがそう言って渡してくれたのが、新しいガラケーに買い換えたあとの携帯電話だ。ＳＩＭカードを抜き、データも移したあとのそれは、もう電波も受信しない。

それを伝えてもなお、まつりちゃんはとても喜んだそうだ。

まつりちゃんはよくそのガラケーで電話をしていた。

江島さんがその姿を見ることが多かったのは、夜である。

母娘の食事が終わって二時間ほど後。残業を終えた旦那の食事を温めなおしている間、台所から見えるまつりちゃんは電話で誰かとお話ごっこをしていた。

母の目線で見てもリアルなおままごとだと思った。自分が話すだけでなく、相手の話を聞くときには丁寧な相づちもあり、子供の想像力や観察眼はすごいものだなと思ったそうだ。


だが、いつしか子供の遊びは飽きる時期が来る。

まつりちゃんが電話を「もういらない」といって江島さんに渡したとき、あんなに嬉しがっていたのにとどこか寂しい気持ちもした。

それは冬の夜のことで、眠っていた江島さんをわざわざ起こして彼女はそれを渡してきたのだという。

他のおもちゃは、遊ばなくなっても片づけられる場所がおもちゃ箱の底になるだけだ。こんな夜中にわざわざどうしたのかと思ったが、「これは元がおもちゃではない」とわかっていて返したのかもしれない、と半分寝ぼけた頭で思って受け取ったのを覚えている。

その話を、高校生になったまつりちゃんとしたのは最近のこと。まつりちゃんが使っていたスマホを買い換えたときに「そういえば」とあのガラケーの話になった。


「昔、好きだったよねえ」

「そうだっけ?」

「ずっと電話ごっこしてたじゃない」

まつりちゃんは、電話ごっこという言葉に浮かない顔をした。

「電話ごっこじゃないよ。つながってたの」

しかも、それは相手に口止めされていたという。

詳しく江島さんが聞こうとすると、渋々とまつりちゃんは当時のことを話してくれた。

電話はね、お父さんにもらったときに「かからない」って聞いたからかからないと思ってたよ。でも、本物を持ってるっていうのが、ちょっと大人みたいで嬉しかった。

でも、「もしもし」とか毎日言ってたら向こうから「もしもし」って返事が来たんだよね。

大人の男の人。おじさんだったと思う。

名前を聞いたら「いがらしです」って言ってたからいがらしさんて呼んでた。

私が電話すると、いつもいがらしさんは電話に出てくれた。

で、私が学校の愚痴を言ったり、いがらしさんの会社の愚痴を聞いたり。

あんまり大人の友達なんていないし、大人の知り合いに電話することなんてないから新鮮でさ。

でも、一回だけ電話がかかってきたの。

夜中に目が覚めたら、枕元に置いてた携帯の画面が光ってた。

電源なんてずっと切れっぱなしなんだから、なんでそのときだけそうなったのかわからないんだけど、音はしないのに画面がぴかぴか光ってさあ。

出ると、とにかく相手はいつものいがらしさんだった。

でも、様子はいつもと違った。

こっちが話す前に、

「あのさあ、今からまつりちゃんちに行っていいかな？」

って。

そんな話ははじめてだったし、もう夜だったし、なんでか前から「お父さんやお母さんには内緒だよ」って言われてたから言えないし、そりゃ来てもらったら困るじゃない。夜中だもん。

なのにその日のいがらしさんはなんとか私に「いいよ」って言わせようとする感じで、しつこくて。

もう最後は私も困って、

「とにかくダメ！」

って言って切っちゃったんだよね。

それで急にいがらしさんと電話をするのが嫌になっちゃって。

お母さんに電話を返したの。

一時期さ、「そんなのもう死んだほうがいいよ」って言ったらお母さんに「そんな言い方しちゃいけません」て言われたでしょ？　あれさ、いがらしさんの口癖だったんだよ。

そんなことがあったと知らなかった江島さんは驚き、まつりちゃんがいないときに旦那さんにもその話をしたそうだ。

そういった話が苦手だという旦那さんは気味悪そうに聞いていたが、

「五十嵐？」

その苗字には妙に引っかかった様子だった。

「関係ないとは思うけど、あの頃会社にいた同僚と同じ名前だからさ」

厳密には、五十嵐さんは旦那さんが携帯を変える前に会社を辞めた。

彼は派遣社員で、実力主義で、個人主義。

あまり交流はなかったが、仕事の遅い部下を「あんなのもう死んだほうがいいんじゃないですか」とよくバカにしていたという。

「じゃあ、その人ってこと？」

「それは、急に俺にはわかんないよ」

険悪でこそなかったものの、家族ぐるみの付き合いなどももちろんなかった。

彼が会社を辞めたあとも、一度も連絡など取っていない。それは亡くなっていてもわからないということにもなるのだが、あまりに関わりが薄く、その五十嵐さんだとしたらその日に何をしようとしに来たのか、まったく心当たりがないと旦那さんは言った。

そのことは、まつりちゃんには話していない。

駅前四階の整体院

友野さんが整体院に行ったのは軽い気持ちからだったという。

通っていたジムが世間の状況で行きにくくなり、自宅で仕事をするようになって歩く距離が減った。そんな運動不足が祟ったのか、肩がガチガチに凝っていた。

その日散歩に出かけるときには決めてもいなかったが、駅前の裏通りを更に一本横に入ってみると、知らない通りに出た。古いビルの前に出ている看板になぜか惹かれて、整体に行く気になったのだという。

その整体は四階にあった。古いエレベーターで上がって扉を開けたとき、中には誰もいないようだった。

奥でカーテンが一枚だけひらひらと揺れている。が、友野さんがそれを見ると、まるで見られたのがまずかったとでもいうように動くのをやめた。

受付の呼び鈴を押すと、四十代であろう男性が出てきた。フレンドリーな雰囲気を目指しているのが裏目に出ているのか、どこか軽薄そうに見えたという。

ベッドは全部カーテンで間が仕切られていて、店の広さの割に狭く感じる。その合間を縫うように、先ほどカーテンが揺れていたブースの隣に案内された。

「こんな時期ですからね、衛生面には気を使ってるんですよ」

彼はそう言いながらベッドの上に使い捨ての薄い紙を一枚敷いた。


解決したい内容、その期間、原因に心当たりはあるか——などを聞く問診票のようなものを書く。

施術着に着替えて担当者に渡すと、世間話をしながらぐにゃぐにゃと身体を押された。上手いのかどうか、こういったマッサージがはじめてだったのでよくわからないが、ツボに入っているのかというと、どうも違うような気がした。

気持ちがいいとは思わなかったものの、眠気は来た。暗闇に落ちるように瞼が重くなり、夢の中でもそこが真っ暗であることを自覚した。

周りは真っ暗だ。

起きたいと思った。が、身体が動かない。

横から視線を感じた。

これまでに経験はなかったが、夢でも金縛りというのだろうか、と思った。

「終わりです。着替えてくださいね」

その声で目を覚ますと、瞼を開けることができた。施術をした本人はカーテンの向こうに行くところだった。

身体も動くようになっていてほっとする。同時に、詰めていた息のかたまりを吐いた。

なぜだかどっと疲れていた。

自分の体の内側から疲労が沸いてくるようで、全身が重たかった。梅雨特有の湿気は更に体力を奪い、家に帰るだけで大変だったという。

(体には、よかったんだろうか)

妻のいずみさんに話すと、「もみかえしっていうのがあるっていうからね」と言われた。

確かに、温泉も長く入ると直後は疲れることはある。

寝ている間に念入りにマッサージしてもらったのかもしれない、と思ったそうだ。

倦怠感は数日に亘って続いたが、肩こりはよくなったように思っていた。が、すぐに肩の重さは戻ってしまった。

友野さんは同じ整体に行った。一回目の帰りに二回目のクーポンをもらっており、それが安かったからだ。

「二回目からは揉み返しも少なくなるって言うよ」

いずみさんのそんな言葉もあったからだという。

店のドアを開ける。

また誰もいない。施術できるベッドの置かれた区画は六つほどあるように見えるがこれでやっていけるのだろうかとも思った。

そのとき通されたのも前回カーテンがひらめいていたブースの隣で、どこか不吉な気持ちになった。

相変わらず、しゃべりながらぐにゃぐにゃと身体を押される。

うるさくも感じるし、マッサージそのものがそこまで気持ちいいとは感じないのにまたふっと眠りに落ちた。

また夢だ。

前回と同じく暗いが、前回よりわずかに周りが見える。身体は動かない。

このとき気づいた——というか明確に認識したのだが、自分は寝転んでいる。おそらく今現実で施術を受けているのと同じベッドだ。だが、周りに施術をする人はいない。

隣のブースを見てしまう。

見てしまうのは、顔がそちらを向いて横になっているから。そして、金縛りで目を閉じられないからである。むしろ、「見させられている」に近い。

とはいえ、施術台までをカーテンは隠しているから、見えるのはカーテンだけである。

と、その施術台からだらりと腕が落ちた。左腕だ。見えたのは二の腕から指先までだが、どこにも力が入っていないようだった。

それは女性の腕で、死体のような青白さをしていた。

「終わりです、着替えてください」

やはりその声で目が覚めた。目が覚めた瞬間は仰向けに真上を見ており、慌てて隣のベッドを確認したが、腕などは見えなかった。

（もう、来るのはやめよう）

そう思ったという。

二度目だから大丈夫では、という期待を裏切って、やはりひどい倦怠感が友野さんを襲った。肩もすぐに戻ってしまう。

そして、妙に腹が空くのが気になった。

元々、友野さんは小食だ。好き嫌いはあまりないが、量を多くは食べない。

それが、いずみさんもどうしたのかと驚くほどに腹が空くようになった。なんでもいいからたくさん食べたい。

最初は、たくさん食べたくなったのは健康になったからではないかとも思った。が、その極端な量の増加は、

「過食症なのではないか」

そういずみさんが心配するほどになっていった。

吐き戻したりはしないし、太りもしない。いっそ体重はやせ型からさらに削られるように痩せていく。昔の絵に描かれた餓鬼のようにお腹の部分だけがぷっくりと膨らんでいた。

あとは、妙に神経質になった。洗剤の臭い、小さな物音、買い出しに出たときの誰かの怒鳴り声。そんなどうでもいいノイズは気にしたことがなかったのに、妙に癇《かん》に障ってイライラする。

(何か違う悪い病気かもしれない)

そんな不安から大きな病院に検査にいったものの、結果は異常なし。

その帰り道でふといずみさんが言った。

「腕、白いね」

自分では気づいていなかったが、そのとき見た左腕はすっかり細く、そして青白い。

(こんな腕だったっけ?)

まるで、女性の腕だ。

家に帰って、自分の腕をまじまじと見る。これまで自分の腕などちゃんと見たこともないが、反対側の腕と比べても細い。色もやや青みがあり、先日整体院で見た腕を思い出した。そういえばあれも左腕だった。

触ると、右より冷たい。

「もう一度行ってみようかな、整体」

その言葉にいずみさんは「なんで？」と不思議そうに、僅かだが怯えたように聞いた。

「え？」

「はじめて行ったときから、別に気持ちよくはなかったって。肩こりも結局は元に戻っちゃうって」

それは確かに言った。

「二回目を試すのはわかるよ。でも、そのときもあまりいい感じではなかったって言ってたじゃない。それどころか、肩こりのことで行ってるはずなのに、ちょうどその整体に行ったあたりから他のこともいろいろ変わってきてるし」

言われてみれば、そうだ。

その後の体調や肩こりの様子。マッサージ師の印象。マッサージしてもらっているときの感じ。そして、眠って見た夢。

どれも、決してよくはない。前回、もう行くのはやめようとも思ったはずだ。

なのに、その整体に行きたい。行きたいというか、行くのが普通だと思い、行かなければと思っていた。

黙って考えてこんでしまった友野さんにいずみさんが提案したのは、〈もっと評判がいいところに行ってみたらどうか〉ということだった。

「ほら、偶然入ったところより安心感もあるし」

整体に行きたいのならば、無理に我慢することもない、というその意見は、本人は整体に興味がないといういずみさんからの優しさだと思って受け取った。

いずみさんは地域のボランティアをしており、そこの友達で整体に詳しい人がいるので聞いてみる、と言ってくれた。

相変わらず、お腹がすく、食べる、調子は悪い、という日々を繰り返していると、いずみさんが言いにくそうに切り出した。

「あのさ」

「なに？」

「行ってた整体って、どこ？」

それは伝えたと思っていたけれど、どうしたのだろう。そう訝しむ友野さんの前に、いずみさんは駅前の地図をタブレットの画面に映した。

「このあたりだったよね？」

「そうそう、ここらへんの道を入ったとこ」

「その道の入り方がわからないの」

いずみさんの話によると、友人にいい整体の話を教えてもらおうとしたときに、自然と行っていた整体の話になった。

すると、彼女は「そんなところに整体、あったかしら」と不思議そうに言ったそうだ。

彼女は「合う整体を探すのが趣味」というような人なので、駅前であれば知らないわけはないという。

ちょうど休日だったので、買い物がてら一緒に見に行くことにした。

「あれ？」

いつも曲がる道がない。

「ど、どうしたの？」

いずみさんの心配したような声も、やや遠くに聞こえた。

整体のあるビルに行くときに曲がっていた道そのものがなかった。右の一階は半年前に閉まった信用金庫のATM。反対側は昔からあるのであろう地元密着型の電器店。その間を通って行ったはずなのに。

あのビルは、確か一階は中華料理屋で、エレベーターで上がったのを覚えている。しかも、二回行ったのだ。

だが、友野さん自身も、その整体に行くとき以外にそこに道があったのを思い出せない。

真っ青になった友野さんに、いずみさんは深く理由を聞かなかった。

「帰ろう」

引かれる腕が右腕なことをつい確認した。左腕は更に冷たくなっていくような気がした。

いずみさんの友人にいいところを聞いてきてもらっても、友野さんはもう整体に行く気にはなれなかった。

そして、行かなくなると食事や体型は少しずつ元に戻っていった。

だが、今もたまに夢を見る。

あの整体院。カーテンのはためく、そのベッドに寝ている自分。

軽薄そうな、笑顔を貼り付けた整体師が言う。

「もう、着替えてくださいね」

左腕を確認すると、青白く、他人の腕のようになっている。

(あ、これは夢だ)

そう思って起きるのだが、そのあと数日はやけにお腹がすくそうだ。

午前五時の配達員

「瀬木山っていう、おおらかっていうか、少しは気にしろよみたいな、いや気にするところがちょっと違うだけなのか？　みたいなやつがいたんですね」

アルバイトで生計を立てていたころ、浩二さんはよく瀬木山くんの部屋に遊びに行っていた。

居酒屋で知り合い、友人になった瀬木山くんはルームシェアの相手に出ていかれたばかりだと言っていた。彼の部屋は、何かと家族の目が気になる実家暮らしの家より自由だったそうだ。

おまけに、浩二さんにとっては実家よりもバイト先に近い。好きなゲームの話も合う。部屋によく泊めてもらう代わりにと、浩二さんは料理を作ったりもした。バイト先で厨房をやっていた浩二さんは、当時から料理をすることに抵抗がなかったのだという。

浩二さんのバイトが終わるのが深夜零時過ぎ。

瀬木山くんの家に行くと、だいたい彼は食べるということに無頓着なので、夕飯を食べ忘れてゲームをしている。軽くご飯を作って一時過ぎ。

そこから三時か四時までふたりでわいわいゲームをして、寝る。ひとりでやるならオンラインゲームだが、ちょうどその中の人間関係がごたごたしていて、関わりたくない時期でもあった。子供のようにリアルで瀬木山くんと対戦ゲームをするのは、ネットの中で複雑な人間関係にさらされるより、よほど無邪気で楽しかった。

バイト先から近いこともあり、〈帰る〉という言葉が自宅よりも瀬木山さんの部屋のほうがしっくりくるようになってきていた頃。

同時に毎晩のちょっとした違和感が、浩二さんの中で形をなしてきていた。

マンションの中で瀬木山くんの部屋は、一階の奥から二番目である。先にもう一部屋あるが、ひとつ向こうの部屋に人が住んでいる気配はない。空き室ではなく、誰かが借りたままになっているのかもしれないが。

明け方の五時になると外で足音がする。時間的に新聞配達だと思った。

タッタッタッ、と足音はマンションの入口を抜けると瀬木山くんの部屋の手前のほうから走ってきて、瀬木山くんの部屋の前で一度止まる。

少しして、そのままもう一度走り出した足音は廊下部分を通り抜け、奥の部屋のほうへと走っていく。

走っていき、いつもそのまま帰ってこない。あの奥は行き止まりのはずなのに。


「えっ、そーお？」

そのことを瀬木山くんに伝えたが、はじめて知ったようだった。

まあ、把握していると思っていたかと聞かれればそんなことはない。浩二さんはルームシェアの相手が使っていたという、共有の廊下に面した部屋で寝ているが、瀬木山くんが寝ている部屋は共用廊下や玄関から遠い。

「ふーん、奥の人って新聞とってんだ」

「いや、奥の部屋、人住んでんの？」

「あっ住んでねぇの？　……わかんねえや、でも会ったことはない気がするなー」

そんなことを話していたが、浩二さんはあまりこの話をしないようにしようと思った。

自分が来るときにこれ以上怖いと思いたくなかったのがひとつ。もうひとつは浩二さんが来ない日も、他の友達が来なければ瀬木山くんはここでひとりで暮らしているからだ。

(怖がらせてもな)

この、細かいことをあまり気にしそうにない男でも、ひとりになれば弱気になることもあるかもしれない。

遊びに来させてもらっている身なのだから。

なんとはなしに話を変えた。へらへらと瀬木山くんはそちらの話に戻った。

よかった、と思った。


ある夏の日。それが八月七日の早朝であったことを浩二さんは覚えている。

その日は早めにゲームを切り上げて眠ることになった。

午前四時すぎ、水を取りに立った。台所へは、玄関の前を通らなければいけない。

そのとき、足音が走ってきた。

――タッタッタッ。

この新聞配達はおかしい。一度そう思ってしまってからはひどく不気味な存在に思えた。

(……早く通り過ぎてくれねえかな)

音が行き過ぎたら水を飲んで寝ようと思っていた。

だが、足音は部屋の前で止まった。

がこん！　と乱暴な音と共に新聞受けに何かが突っ込まれる。奥の部屋に向かったわけではない。それきり音はなくなった。


浩二さんは考えた。足音がそこで止まっている以上、扉の向こうに誰かが立っているはずだ。それが生きている人間ならば。その場合はちょっと異常な人間であろう。

逆に、足音がそこで止まっているのに、扉を開けて誰もいないならば、それは幽霊だ。

——厭な二択だった。

自分とそれとの間に扉というものがあるのをいいことに、浩二さんはあえてどちらなのかは確かめないことにした。

だが、新聞受けに刺さったものはどうしても気になる。

勝手に見ていいものなのか。手紙ではないのだから悪いわけではないだろう。そう思う一方で、やはり家主の許可もなしにということが頭をよぎる。

結局、浩二さんは新聞受けに手を伸ばした。

それは、確かに新聞でできていた。

だが、新聞の上に過去の新聞記事を糊で貼り付けてある。過去といってもすべて別の日付であり――そしてすべてが火事の記事だ。手が込んでいるにも拘わらず素人が作ったものなことは一目でわかる。水のりでぶわぶわの紙。情報の密度。伝わるのは、誰かの執念だった。

貼られた記事は彼らの住むS区で起きたといういくつかの火事のもの。人が亡くなっているものも、ボヤで済んでいるものもあったが、古いものは五年前、最近のものは二カ月ほど前だった。どれも、明確に犯人が逮捕されたという事件ではない。単なる過失でありそうなものも、放火が疑われているものもあった。

その新聞全体から、紙が燃えたときの臭いが漂っていた。ぶすぶすとまだ燃え残る念に似た何かは、霊感などではなくそれを見たら誰でも肌で感じるものだ。

（こんな、悪質ないたずら……）

浩二さんが「お前の家も燃やしてやる」というような脅しなのではないかと思ってそれ

を見ていたときだった。

「なあ、おれ、人の家なんて燃やしてないよ」

ふと後ろから聞こえた瀬木山くんの声に、心臓が跳ねた。

ひどく静かな声だった。

瀬木山くんはいつから後ろに立っていたのか。寝ているのだと思っていた。足音にも気づかなかった。

振り向くと、彼は笑おうとするような、媚びるような、縋るような、見たことのない歪な表情をしていた。

そして、いつもの彼からは信じられないような勢いで浩二さんの手から新聞をひったくると、ひたすら力任せにぐしゃぐしゃにした。

〈家なんて燃やしてない〉――そりゃあ、そうだろう。

だいたいの人間は人の家なんて燃やしたことがない。

当たり前だ。なんでそんなことを。

（まさか）

そのときにふと、瀬木山くんは人の家を燃やしたことがあるのだろうか、と一瞬思ってしまったのだという。

紙をぐしゃぐしゃにし終わった瀬木山くんは、無表情にそれをゴミ箱に入れた。無表情のときの彼はこんな顔なのだと思った。

それでいて、顔をあげて、

「気にすんなや、な？」

そう言った顔は、いつもどおりのにこにこした顔に戻っていた。それがずっと知っている彼と変わらないのが、浩二さんは怖かったそうだ。

彼の指は、煤《すす》にでも触れたかのように黒く染まっていた。

それ以上のことは聞かなかった。聞けなかったと言うべきかもしれない。


——そして、浩二さんが瀬木山くんを見たのもその日が最後だった。

あの日のことを聞いてみようと思ったり、あの日の彼は何かおかしかったのだと考えてみたり。何度か彼の家に行ったが、鍵は閉まっており、窓に灯りはない。

窓ガラスの向こうには、同じTシャツがずっと干されたまま。メッセンジャーアプリはずっと返事がない。

よく考えると、浩二さんは瀬木山くんのことをよくは知らなかった。いつも楽しい話をしていただけだ。どこで生まれたとか、家族はどこにいるとか。同居人がどうしたとかも。そんな情報はいらないかもしれないけれど。

「本当に彼が瀬木山っていう奴だったのかも、わからないんです」

遊んでいた時間は楽しくて、それは嘘ではない。どうにも整理がつかないままになってしまった、浩二さんの記憶だそうだ。

あとがき

当たり前のようにできていたことが、突然できなくなって随分経つ。特に楽しいものは奪われがちだ。

私がコロナウイルスのワクチンを打ちに行った場所は、まっすぐ進むと遊園地、左に曲がると急あつらえで作られた（働いている方にとってはおそらく）戦場のように忙しいワクチン接種会場で、右側が大学生時代にバイトをしていたビルだった。めちゃくちゃな分岐だけれど、左側以外を選べたらいいのにと思いながら左に進んだ。二〇二一年九月、たまに外に出たとてそんな毎日である。

東京の夜は、少なくとも私の周りでは人と店と灯りが減った。幽霊は出やすくなっただろうか。幽霊の話を人に聞く機会は減った。

そう思うと、怪談というのは私にとって人と会話した結果のものなのだなあと思い、それがもっと自由だった頃を思う。

ひと段落してしばらく経った時に、偶然どこかで居合わせたら何かお話を聞かせてください。

最後に、ずっと前から用意をはじめたにも拘わらず、書き方はまだまだ迷子の途中という私を、応援してくれたり相談にのってくれたり、支えてくれたりした編集さん、家族や先輩方や友達に感謝をおくります。

そして、お話を聞かせてくれた方、この本を見つけていただき、読んでくださった皆様、ありがとうございました。

鳴崎朝寝

宵口怪談 残夜《ざんや》

2021年10月6日　初版第一刷発行

著者……………………………………………………………………………鳴崎朝寝
カバーデザイン………………………………………………橋元浩明（sowhat.Inc）

発行人…………………………………………………………………………後藤明信
発行所……………………………………………………………株式会社　竹書房
〒102-0075　東京都千代田区三番町8-1　三番町東急ビル6F
email: info@takeshobo.co.jp
http://www.takeshobo.co.jp
印刷・製本……………………………………………………中央精版印刷株式会社